Charles F. Manski

Public Policy in an Uncertain World: Analysis and Decisions

マンスキー データ分析と意思決定理論

不確実な世界で政策の未来を予測する

チャールズ・マンスキー［著］
奥村綱雄［監訳］　高遠裕子［訳］

ダイヤモンド社

PUBLIC POLICY IN AN UNCERTAIN WORLD:
Analysis and Decisions
by
Charles F. Manski

人々へ

監訳者序文

本書は、チャールズ・マンスキー（Charles F. Manski）教授が開発し発展させた「部分識別」という計量経済学の革新的方法を、一般向けに解説した著書である『*Public Policy in an Uncertain World: Analysis and Decisions*, 2013, Harvard University Press』の日本語版です。

本書の内容は、エビデンス（証拠）に基づく政策決定（Evidence-Based Policy Making, EBPM）のプロセスを画期的にレベルアップするものであり、さまざまな経済社会の問題への対処法について、具体的な事例を用いながら、数学や統計学を使わずにわかりやすく説明しています。データを政策立案に用いる政策担当者、政策評価と将来予測を行うエコノミスト、ビッグデータで何が明らかになるのかを知りたいデータサイエンティスト、社会科学や公共政策を学ぶ大学生・大学院生、さらには、データ分析と政策に興味のある一般の方々に読んでいただくことを期待しています。

■観察されるデータを分析するだけでは、因果効果はわからない

近年、データサイエンスが広く展開され、エビデンスに基づく政策立案の必要性が強

調されるなど、データに基づいて将来を予測し、政策効果を測定することの重要性が高まり、多くの経済予測や政策効果の測定が、政府機関、シンクタンク、研究者によって報告されています。しかしながら、それらの予測や測定の結果はまちまちであり、多くの人は、「どの報告を信頼するのがよいのかわからない」と感ずることがあるのではないでしょうか。また、「予測や効果の分析者が、みずからの都合のよい結果だけを示しているのでは」と思ったことはないでしょうか。

実は、統計学・計量経済学には、**「（政策などの）原因が（政策効果、将来予測などの）結果に与える効果（因果効果）は、観察されるデータを分析するだけでは完全にわからない（識別できない）」**という、データ分析の本質的な問題である「**識別問題**」があります。この識別問題に対し従来の計量経済学では、データの分布や因果効果を表す関数に多くの仮定を課すことにより、因果効果を識別してきました。しかし、（1）課した仮定のなかには、便宜的に設けた仮定や信憑性に欠ける仮定が含まれる、（2）課す仮定によって推定結果が異なる、という問題があり、誰もが納得するような推定結果を得ることが困難でした。

それに対してマンスキー教授は、この識別問題に「部分識別」という新しい解決方法を提示しました。「部分識別」では、まず、「何も仮定を課さずに、観察されるデータのみをもとに分析したなら、因果効果として何が識別できるのか」を考えることからスタートします。次に、「多くの人々が納得するような最小限の仮定を課したうえで分析したときには、さらにどこまでの因果効果を識別できるのか」を考えていきます。そのため、「部分識別」では、分析対象の因果効果について、ある値をピンポイントに識別する（**点識別**）のではなく、入りうる区間として識別（**部分識別**）します。

この部分識別の研究により、仮定と識別結果の関係が、従来の方法に比べて画期的に明らかにできるようになりました。その結果、第一に、**従来の点識別の推定結果や政策効果予測が分析の方法次第で異なるのは、計量手法に課されている仮定の違いによる**ことがわかりました。第二に、**便宜的に設けた仮定や信憑性に欠ける仮定を課さなくても、信頼できる仮定だけを置いて、因果効果（政策効果や将来予測）が有効で信頼できる区間として求められるようになりました。** 部分識別の方法は、研究分野にとどまらず、実践現場においても、政策評価や将来予測の重要なツールとして使われています。

マンスキー教授は、さらに部分識別の方法を発展させ、「政策効果についてわからないときに、政策立案者（プランナー）はどのような政策を選択すればよいか」について研究しました。信頼できる仮定の下で、政策効果はデータから区間として識別されますが、その区間のなかに政策効果が正である領域と負である領域の両方が含まれていれば、その政策を行うべきか止めるべきかの判別ができなくなります。

この問題に対してマンスキー教授は、統計的決定理論で用いられる**期待厚生基準**、**マキシミン基準**、**ミニマックス・リグレット基準**の各意思決定基準を持つプランナーが、それぞれ、どのように政策を選択するかを研究しました。その結果、プランナーは意思決定基準により異なる政策を選択することを明らかにしたうえで、それぞれの政策選択の結果の長所や短所の双方を示しました。以上のような研究を総合的にまとめた本書は、「不確実な世界のなかで、どうすれば的確に政策効果を予測し、その上で最適な政策を選択することができるか」を解明しています。

■「部分識別」の創始者が豊富な事例を使って解説

部分識別の方法は、経済学、経営学、政治学、教育学、社会学、犯罪学、医学、健康科学など多様な分野において、既存の点識別に基づく分析方法の限界ゆえに分析が不可能と考えられてきた問題に対し、新しい解決方法を示すことになり、今日では広く応用されるようになっています。本書でも、死刑制度の殺人抑止効果、医療保険制度改革法の財政赤字削減予測、コカイン対策の費用と効果、教育バウチャー制度の是非、新薬の承認プロセス、所得格差における遺伝と環境の重要性、少年犯罪の量刑選択、就学前教育政策の効果、所得税制の労働供給への効果、奨学金制度の大学進学促進効果、警察の人種による捜査率の差（プロファイリング捜査）、ワクチン接種政策の有効性、進歩主義運動など、多様な政策課題に対し、部分識別の方法が有益であることが示されています。特に第4章と第5章では、未知の感染症が流行したとき、有効なワクチンや治療薬をどのように選択すべきかについて説明しています。

マンスキー教授は、部分識別の研究による学術的貢献により、２００９年に米国科学アカデミー会員、２０１４年にイギリス学士院客員会員となり、２０１５年にトムソン・ロイター（現クラリベイト・アナリティクス）引用栄誉賞（ノーベル経済学賞予測）、２０１７年アメリカ経済学会 Distinguished Fellow などを受賞しています。また、マンスキー教授は、全米研究評議会（ＮＲＣ）において、違法薬物対策委員会委員長や、国家統計委員会、行動社会科学・教育委員会、法と正義委員会などの委員を務め、現実の社会問題の解決に尽力してきました。

本書を読んで、関心が高まることにより、さらに専門的に学習したい読者には、『部分識別入門——計量経済学の革新的アプローチ』（奥村綱雄著、日本評論社、２０１８）や、Manski, C.F., *Identification for Prediction and Decision*, 2007, Harvard University Press をおすすめします。

監訳者は、ノースウェスタン大学での大学院生時代にはマンスキー教授の指導を受け、同大学院卒業後も客員研究員を務めるなど折に触れて交流し、部分識別の研究を行ってきましたので、本書の出版にかかわることができたことは大きな喜びでした。

統計学・計量経済学の因果効果推定論から、ミクロ経済学の意思決定理論まで、広範囲で専門的な内容を含む原書ですが、翻訳者の高遠裕子氏は、読みやすい、素晴らしい仕事をされました。ダイヤモンド社の上村晃大氏は、本書の出版企画、編集・校正作業で多大な貢献をされました。

なお、本書には、専門的な内容の理解を促進するため、上村晃大氏と検討を重ねた結果、いくつかの編集が加えられています。具体的には、(1)「監訳者注」が7カ所挿入されています。(2) 1ページにつき1文程度、原書にはない太字があります。(3)原書にはないヘッドラインがいくつか挿入されていたり、章や節のタイトルの一部が意訳されていたりしています。

横浜国立大学教授　奥村綱雄

日本語版への序文

私の著書 *Public Policy in an Uncertain World: Analysis and Decisions* の日本語版がダイヤモンド社から出版される運びになり、専門的および個人的な理由から嬉しく思う。専門的な理由とは、この度の翻訳により、日本の読者に幅広く本書の内容を伝えられるからである。日本の読者にとっては、英語の原書を手に入れて読むことは、大変だと感じられるかもしれない。個人的な理由とは、日本語版を出版することで、私の父や家族に対して寛大でいてくれた日本の人々に感謝の意を示すことができるからだ。

まずは専門的な理由について考えてみよう。アメリカやほかの地域と同様、日本においても公共政策の研究者の間では、エビデンスに基づいているという理由で、みずからの政策提言には注目すべき価値があると主張することが一般的になっている。しかし、ここでいう「エビデンス」という単語は「データ」の同義語にすぎない。「エビデンスに基づいた」政策という用語は、政策提言をする人や団体によって何らかの形式のデータを調査し、何らかの方法で実証分析をしたことを意味している。

ある政策提言がエビデンスに基づいていたとしても、その提言は、必ずしも入手可能なエビデンスを注意深く解釈したうえで行われているという保証はない。従来の方法論には多数の疑わしい慣行があるために、エビデンスに基づく政策研究といっても、それらは長い間貶められ、結論の信頼性を得ていない。研究者が、正当化できないほど強い仮定を使って研究結果を報告することは、いたるところで見られる問題になっている。こうして、彼らはまったく擁護できない結論を導いてしまう。

本書の目的の第一は、これらの疑わしい慣行に対し、明確な方法で注意を喚起して、政策立案者、ジャーナリスト、および一般市民の方が、自分自身の力で情報に基づいて判断を下せるようになることである。第二は、正当化できないような強い仮定を前提とすることなく、より信頼できる結論を導く方法を使うことで、どのように政策研究を実行できるのか説明することである。第三は、不確実な世界において、政策決定を行うための妥当なアプローチを提唱することである。どの政策が最適なのかわからないことはよくあるが、それでも私たちは選択をしなければならない。

次に、個人的な理由に目を向ける。1941年2月24日、父のサムエル・マンスキーは、東ヨーロッパのナチス占領を逃れるユダヤ人難民として、ソビエト連邦から日本に入国した。父は、彼の母親のリーヴァ、妹のミラ、弟のサウルと一緒に、ウラジオストクから船で港町敦賀に着いた。家族は敦賀から電車で神戸に行き、1941年5月初旬まで滞在した。その後、彼らは横浜へ行き、船でアメリカに渡り、最終的にアメリカ市民になった。父は1946年にボストンで結婚し、私はその2年後に生まれた。

ほとんど奇跡的といえるこの脱出は、日本人の寛大さがなければ実現できなかっただろう。最も中心的な役割を果たしたのは、外交官の故杉原千畝氏である。彼は、リトアニアのカウナスに日本領事として赴任している間、ポーランドとリトアニアの数千人のユダヤ人に対して日本の通過ビザを発給し、命を救った。杉原氏の話が現代日本において高く評価されるようになったことは知っている。アメリカで出会った日本人学生や同僚が、高校生のときに杉原氏の英雄的行為について学んだと話してくれた。

杉原氏が示した慈悲の心や彼が冒したリスクは多大な称賛に値する一方で、ほかの多くの日本人の貢献を認識することも重要である。ウラジオストクから敦賀まで難民を輸送した日本の船の乗組員や、難民が到着してからもてなしてくれた敦賀や神戸の住民のことだ。

このように、私の家族は常に、日本とのつながりと感謝を感じてきた。10年前、私は京都と東京で開かれた会議のために日本を訪れた際、敦賀を訪問する機会があった。その後、息子のベンジャミンも敦賀を訪れている。

横浜国立大学教授である奥村綱雄氏に心から感謝の意を表したい。綱雄が2000年にノースウェスタン大学で博士号を取得する折に、私はその論文委員会の委員を務める光栄に浴した。彼が学位を取得して日本に戻ったあとも、私たちは20年間ずっと連絡を取り合っている。綱雄と夫人の臼井恵美子氏（同じくノースウェスタン大学で博士号を取得し、現在は一橋大学教授）は、京都から敦賀までともに旅行し、父が日本に入国した場所を訪れようと提案してくれた。

本書にて専門用語の的確な翻訳を含む監訳をしてくれた綱雄に、特に感謝する。

２０１９年10月　ノースウェスタン大学

チャールズ・Ｆ・マンスキー

序文

ここ数年、同僚から研究の進捗状況を聞かれると、ひととおり研究内容について説明したあと、今後の私にとっていちばん難しい挑戦は、英語で本を書こうと決めたことだと答えてきた。それを聞いた同僚はたいてい怪訝な顔をする。そこで私は、幅広い読者に向けて本を書いていて、専門用語は最小限にとどめ、数学はほとんど使ってはいけないのだと説明した。社会は政策決定につきものの不確実性に向き合う必要があるのだとも言い添えた。私は過去20年の大半を、信頼できる政策分析と意思決定のための方法の開発に取り組んできたが、自分の考えが熟し、社会科学のコミュニティにとどまらず、一般の人々にも注目してもらえるはずだと思うようになった。

執筆には苦労したが、それに見合うものになったと思いたい。今回もハーバード大学出版会のマイク・アロンソンと仕事ができてよかった。徹頭徹尾私を信頼してくれた。マット・マステン、ジョン・ペッパー、そして名前は挙げられないが、本書の草稿に目を通し、意見をくれた方々に感謝している。資金面では全米科学財団のお世話になった。

はじめに

■慎重なラムズフェルドでも犯した間違い

不確実な世界で政策を立案することの難しさを、近年身をもって示したのがドナルド・ラムズフェルドである。アメリカ連邦政府で数々の要職を務めたラムズフェルドは、2001年に国防長官に昇りつめ、2006年まで務めたが、国防長官としての評価は分かれている。知識の限界についてはよくわきまえていたといわれるラムズフェルドだが、記憶に残るのは、重要な政策の影響を大きく読み間違えたことではないだろうか。

知識の限界をわきまえていたことは、長年、ワシントンの高官の間で周知されていた「ラムズフェルド・ルール」を見ればよくわかる。「『わかりません』という言葉の使い方を覚えなくてはいけない。適切に使うなら、頻繁に口にすることになるはずだ[*1]」

2002年初めのイラクに関する記者会見で、ラムズフェルドはいわゆる認識論に後々まで寄与する受け答えをした。質疑応答は以下のとおりである。[*2]

質問：長官、今の発言を確認させていただけますでしょうか。イラクの大量破壊兵器とテロリストに関して、イラクがテロリストに大量破壊兵器を供与しようとしている、あるいは供与する用意があることを示すなんらかの証拠はあるのでしょうか。というのは、イラク政府とこれら一部のテロ組織との直接的な結びつきを示す証拠はないと報道されていますが。

ラムズフェルド：何かが起きていないとする報道は、常々、興味深く見ている。というのは、ご承知のように、既知の知、つまり自分たちが知っていることを知っている場合があり、未知の知、自分たちが知らないことを知っている場合もある。だが、未知の未知、つまり自分たちが知らないことを知らないという場合もあるだろう。わが国やほかの自由主義諸国の歴史を繙いてみると、厄介なのは後者、知らないということを知らない状況である。

「未知の知」と「未知の未知」を区別したのは、何もラムズフェルドが初めてではないが、重要な政策課題という文脈において意識的に線引きした点がラムズフェルドならではである。

だが、2002年後半になると、ラムズフェルドは十分な自信を持ったのか、来たるべきイラク内戦の期間について悪名高い予想をすることになる。[*3]「イラクの現在の兵力が5

日もつか、5週間もつか、5カ月もつのかはわからないが、それ以上はもたないだろう」。ラムズフェルドは、戦争がどれだけ続くかはわからないと、ある程度の不確かさを示していたが、今になって見ると予想期間の上限が短すぎたのは明らかで、5カ月を5年に延ばしていたとしても到底足りなかった。

■信頼できない分析から導いた結論は当然信頼できない

イラク戦争の期間に関してラムズフェルドがそうであったように、政治家はみずから主張する政策が好結果をもたらすと確信を持って語るのが常である。裏付けとなる証拠を示すのは稀で、学者や政府機関、民間のシンクタンクのアナリストによる好意的な研究結果が引用される。特定の政策を推奨するのに、これこれの政策が望ましいことが「研究で示されている」と主張するのが一般的である。

公共政策に関心をもつ経済学者として、こうした研究成果を政策選択に活用することに私が賛成していると読者は思うかもしれない。研究のロジックがしっかりしていて、仮定が信頼できるなら賛成だ。そうであるなら、その研究は政策立案に活かすことができる。

研究者は代替的な政策の効果を予測する際、その結果があたかも確実であるかのように示す。結果を点で正確に予測し、どれだけ不確実性があるかを示すことは滅多にない。だが**政策の予測はもろいものだ。裏付けのない仮定や論理の飛躍をもとに結論が導かれている可能性がある。**そうした政策分析を、確実だと信頼することはできない。

政策分析が、信頼できない方法で導いた結論を確実だとするものではなく、部分的な知識をもとに誠実にできることを示す方向に向かうことを願っている。一連の方法論の研究において私は、信頼できない強い仮定を用いて分析し意思決定を推奨する方法に、警鐘を鳴らした。[*4] 代わりに、入手可能なデータを信頼できる仮定と組み合わせたとき、どんなことがわかるかを問うよう促した。結果として、**政策効果は点で予測するのではなく、区間で予測する**ことになる。私は区間の長さがデータと仮定に依存することを示した。また、**不完全な知識をもとに適切な政策選択を行う方法を示した。**政策効果について不完全な知識しか持ち合わせていないときに選択する政策が、完全な知識を持っている場合の最適政策ではなくても、やむを得ない点を強調した。

■幅広い読者に向けて信頼できる政策予測・選択の方法論を解説

こうした方法論の研究プログラムをいくつもの学術論文で展開し、専門家向けの書籍にまとめ、[*5~8] レビュー論文で発表した。[*9] プログラムが成熟するにつれて、専門的な文献を読む意欲と能力のある人たちに限らず、幅広い読者が関心を持つはずだと思うようになった。

そこで、この本を書こうと思い立った。

理想としては、**経済学者に必要な数学の素養がない一般の人たちの参考になる本**にしたい。念頭に置いているのは、公共政策や社会科学を学ぶ学部生や修士の学生、政策分析を委託、実施、適用している公務員、政策決定を行う政府職員、人々に政策を解説するジャーナリスト、さらには政策選択について深く学びたいと考える一般市民である。

こうした幅広い読者を相手に本格的な読み物を書くのは、生やさしいことではない。本書はほぼすべて「英語で」書かれており、極力、数学を使わず言葉で説明するよう努めた。ただ、わずかながら言葉による説明よりわかりやすくなると思えるところで、初歩的なロジックや代数を使った。本書のテーマが実務の上でいかに重要かを示すため、死刑制度、所得税制から医薬品やワクチンの承認まで、幅広い政策課題を取り上げている。

専門的な細部はともかく、学部レベルの基本的なミクロ経済学や確率の主要テーマを消化した読者にとっては、(たとえ数学的内容を知らなくとも)本書で展開する考え方はわかりやすいものだと思う。こうした背景知識のない読者にも、本書で説明する概念や方法論をぜひ理解してもらいたい。初めて接する考え方を理解するのが簡単ではないことは承知しているが、経験からいえば、最初はなじみのない考え方も、じっくり考えていれば、徐々にわかってくるものだ。

いずれにせよ、この本は、じっくり時間をかけて注意深く読もうという意欲のある思慮深い読者に向けて書いたものである。飛行機の待ち時間に読み物を物色する人たちに向けたポップサイエンスのたぐいの本でないことは、あらかじめお断りしておきたい。

■本書の構成　第Ⅰ部：どんな分析であれば信頼できるのか？

第1章から第3章より成る第Ⅰ部では、政策分析が実際にどう行われているのかを検討し、分析の際に直面する推論の問題を取り上げる。そして信頼できる分析は、政策効果を点でなく区間で予測すると論じる。第4章から第6章より成る第Ⅱ部では、政策効果について部分的にしかわからないとき、政府がどのように妥当な意思決定ができるかを検証している。

第1章は、発表済みの私自身の論文の1つ[*10]がベースになっているが、**政策分析には信頼できない強い仮定を置いて強い結論を導出する傾向がある**と論ずる。信頼できない確実性の注目すべき例として、以下の6つを取り上げる。(1)一般通念上の確実性、(2)正反対の確実性、(3)科学と主義主張の融合、(4)希望的推論、(5)非論理的な確実性、(6)メディアの暴走である。この章では、現在の政策分析の不満な点について述べているが、批判するだけでは能がない。建設的な代替案を提示しなくてはならない。第2章以下でそれに取り組んでいく。

理想的な世界なら、研究の方法論を詳しく知らなくても政策分析の結論を信頼することができるだろう。だが、第1章で見る現実の世界では、政策分析の利用者は安心して専門家を信頼することはできない。ゆえに、公務員、ジャーナリスト、関心のある市民は、予測の方法について十分理解し、公表された結果を評価できるようになる必要がある。この点を念頭に、第2章と第3章では、強い仮定を使って強い結論を導き出すさまざまな伝統的手法を取り上げる。その上で私自身が開発した方法、つまり**弱い仮定を使って区間予測を行う方法を説明する。**

第2章では、政策効果の予測を難しくしている基本的な推論の問題について検討する。これは、**仮想的**な状況で起こる結果のデータ、つまり実施されていない政策の効果に関するデータは存在しないという問題である。ある処置を実施した際の反応の分析に関する幅広い話題を見ていく。その上で、比較的単純な設定で、調査対象母集団のメンバーを2つに分け、別々の処置を講じた場合の観察結果について検討する。その狙いは、全員が同じ処置を受けることを義務付ける政策の下で起こりうる結果を予測することである。

研究者は政策効果を予測する際に、対象の集団のグループ、あるいはメンバーの処置反応が同じであるとの仮定を置いて、対象集団の結果のデータと関連付けている。人が違っても反応は同じだという仮定もあれば、異なるグループが同じ反応パターンを示すとする仮定もある。後者の考えを下に生まれたのが、ランダム化実験のパフォーマンス評価である。

処置反応の分析の具体例として、さまざまな政策効果を調べた研究を取り上げる。死刑制度の殺人抑止効果、量刑が非行少年の再犯を防止する効果、最低賃金と失業保険が雇用に及ぼす効果、就学前教育が高校卒業率に及ぼす効果などである。

第3章では、引き続き政策効果の予測を検証し、第2章より難しい問題を扱う。ここでも、なんらかの処置を義務付ける政策の下で起こりうる結果の予測が問われることになる。第2章と違って難しいのは、義務付けられる処置を受けた人が存在しない点である。まったく新たな処置の反応を予測するのに、第2章で検討した、誰もが同一の反応を示すという仮定は役に立たない。

予測を可能にする方法に、個人の処置反応について仮説を立てる方法がある。経済学では以前からこの考え方があり、新たな政策に対する人々の行動を予想するのに仮説が使われてきた。私は、経済学で活用されている**顕示選好理論**に基づく分析について批判的に説明する。これは合理的選択行動という基本仮説と、個人が持つ選好に関する個別の仮説を組み合わせたものである。具体例として、所得税制への労働供給の反応、連邦政府の奨学金制度が大学進学に及ぼす効果に関する研究を取り上げる。

■本書の構成　第Ⅱ部：不確実な世界では、どんな意思決定をすべきか？

第Ⅰ部で政策効果の予測がいかに難しいかを説明し、その上で第Ⅱ部では、こうした難しさにどう対処して妥当な政策決定を行うかを考えていく。第4章では、政策立案者、すなわち現実であれ理想であれ、社会の代表として行動する意思決定者の政策選択を検証する。意思決定理論の基本原理を使って、部分的な知識で政策を立案する問題を取りまとめる。こうした原理は、不確実な世界における政策選択の完全な指針となるわけではない。そもそも、部分的な知識を扱う正当な方法が存在するわけではなく、さまざまな妥当な方法があるにすぎないことを明らかにする。

具体例として、捜査の抑止効果が部分的にしかわからないとき、警察が捜査方法をどのように選択するのか、公衆衛生の政策担当者が、感染症の伝染メカニズムについて部分的にしかわかっていない状況で、ワクチン接種の政策をどのように選択しているのかといった事例を取り上げる。

第5章では、部分的な知識に基づく政策立案の枠組みをあてはめ、対象者を2つの処置に割り当てる問題を考える。不確実性に対処し、長期的に不確実性を減らしていく戦略として、**分散的処置選択**を提案する。ポートフォリオの配分では、昔から分散投資がよく知られていて、リターンが変動する金融商品には分散して投資することが推奨されている。人の集団を対象とし、最善の策がわからない場合も分散が有効だと論じるつもりである。

人を対象とする集団(コーホート)に次々と政策を実施する場合、処置を分散する根拠はますます強まる。学習効果があり、前の集団への効果を踏まえて、後の集団への政策を選択できる可能性があるからだ。分散は学習に効果的であると指摘するが、それはランダムに処置を割り当てることで、ランダム化実験の状況を作りだすからだ。ここから**適応的分散**という考え方が出てくる。処置反応に関する情報が積み上がっていくにつれて、社会が処置の割り当てを見直すということだ。具体例として、集権的な医療制度における治療法の選択、米連邦食品医薬品局(FDA)による新薬の承認プロセスを見ていく。

第Ⅰ部と第Ⅱ部をつなぐのが第6章である。現代社会では、政策分析と意思決定が制度的に分離されている点を論じる。そして、政策分析と意思決定の関係を処置反応の問題としてみるよう提案する。政策分析の代替的なアプローチは処置にあたり、政策決定の質は社会が目標とする結果なのである。

目次

第2章 政策の効果を予測する ―― 100

第3章

新しい政策に対する人々の行動を予測する――165

第II部　意思決定理論編

第4章　単純な状況下で部分的な知識に基づいて意思決定をする —— 212

第6章 データ分析の「消費者」へ

第1部

データ分析編

第1章

「強い結論」欲しさに政策分析の信頼性が犠牲にされている

まず政策分析のロジックと信頼性を分けて考えたうえで（1-1）、政策分析に確実性が求められることになった背景の議論を紹介する（1-2）。その上で信頼できない確実性を助長する慣習を以下のタイプ別に分類する。**社会通念上の確実性**（1-3）、**正反対の確実性**（1-4）、**科学と主義主張の融合**（1-5）、**希望的推論**（1-6）、**非論理的な確実性**（1-7）、**メディアの暴走**（1-8）である。それぞれのタイプについて具体例を挙げて説明しよう。

1-1 どんなデータ分析にも必ず「仮定」がある

あらゆる実証研究がそうであるように、政策分析でも、対象となる母集団に関して仮定を置き、データと照らし合わせて結論を導く。実証的推論のロジックは以下の関係に集約できる。

仮定＋データ↓結論

データが揃っていても、それだけで十分とはいえず、結論を導くことはできない。推論によって結論を導くには、データを母集団と関連付ける仮定が必要である（推論のロジックで理論がどんな役割を果たしているのか疑問を持つ人がいるかもしれないが、理論と仮定は同じ意味である。私はもっぱら仮定という言葉を使い、理論については、仮定を積み重ねた幅広い体系という意味で使っている。仮定と同義語には、ほかに仮説、前提、想定がある）。

入手できるデータが同じで、ロジックに誤りがないとすれば、仮定が強ければ強いほど強い結論が導かれる。極端な場合、十分に強い仮定を置くことで確実性が得られる可能性もある。ただ、実証研究の難しさは、そもそもどんな仮定を置くかを決めるところにある。

強い結論を導くのが望ましいのであれば、より強い仮定を置けばいいのではないだろうか。だが、**仮定の強さと、それがどれだけ信頼できるか（信頼性）には、緊張関係が存在**

する。私はこの関係を「**信頼性逓減の法則**」と名付けた。[*1]

【信頼性逓減の法則】
仮定が強いほど推論の信頼性は逓減する

この「法則」は、アナリストがどんな仮定を置くかを決めるにあたって、ジレンマに直面することを示している。**強い仮定を置くほど結論も強いものになるが、信頼性が低下するのだ**。

本書全体をとおして信頼性という用語を使っていくが、この概念は厳密ではなく、よく練られているわけではない。『オックスフォード英語辞典第2版』で信頼性(credibility)をひくと、「信頼できる(credible)性質」と定義されている。そこでcredibleの項を見ると、「信じられる(believable)」とある。ではbelievableはどうかというと、「信じられる：信頼できる(credible)」とある。一周回って元に戻ったわけだ。

信頼性がどのようなものであれ、主観的な概念であるのは間違いない。各人が自分自身の観点で信頼性を評価する。ある仮定または結論の信頼性について、研究者がおおむね同意しているとき、こうした合意が「科学的コンセンサス」と呼ばれることがある。さらに踏み込んで、「事実」あるいは「科学的真実」と呼ばれることもあるが、これは行き過ぎである。コンセンサスが真実を意味するわけではない。未成熟な科学的コンセンサスは、豊かなアイデアの探求を妨げてしまう。

合意に至らないことはままある。未解決のまま合意がない状態が延々と続く。そうした状態がよく起こるのは、仮定が反証できない場合、つまり、同じデータで別の仮定が成り立つ場合である。ロジックのことだけを考えるならば、信頼性を考慮せずに反証できない仮定を置いて、その仮定に固執し続けることも可能である。「間違いだと証明されない限り、この仮定は変えない」と主張して、証明する負担から逃れるわけだ。アナリストにはありがちなことだ。反証できない仮定の信頼性は疑問視されても、その仮定に固執するロジックには疑問が抱かれない。

具体例で見ていこう。アメリカ社会では以前から、死刑制度に殺人抑止効果があるか否か論争が続いてきた。合意がなかなか形成されないのは、データに基づいた実証研究では、この問題を決着させることができないからでもある。このため、各人が個人的な考えを仮定として置き、その仮定は実証的に否定できないのだから、各人の考えを正しいものとして社会は対応すべきだと考えがちである。

こうして、死刑制度に抑止効果はないと考える人は、抑止効果があるという信頼できる証拠事実はないのだから、抑止効果はないものとして制度を廃止すべきだと主張する。逆に死刑に抑止効果があると信じる人は、抑止効果はないという信頼できる証拠はないのだから、死刑に抑止効果があるものとして制度を存続させるべきだと主張する。死刑制度とその抑止効果については、第2章で掘り下げよう。

1-2 なぜ信頼性を犠牲にしてまで強い結論が求められるのか

信頼性の程度が異なるさまざまな仮定を置いて、それぞれのケースで導かれる結論を見ると、信頼性と仮定の強弱の間に緊張関係があることが浮き彫りになる。**実際の政策分析では、強い結論を導くことを優先して、信頼性を犠牲にしがち**である。なぜそうなるのか。アナリストは誘因《インセンティブ》に反応するからだというのが正解に近い。私は、次のように述べたことがある。[*2]

科学の世界は、斬新で強力な発見をした者に報いる。**差し迫った問題の解決策を一刻も早く手に入れたい一般市民は、明快な政策の推奨につながる単純な分析を行う者に報いる傾向がある。**こうしたインセンティブがあるため、研究者は、強力な結論を導こうとして、自分ではとても説得的に擁護できないような強い仮定を置こうとする傾向がある。

ともかく答えを出さなければならないというプレッシャーは、とりわけワシントン周辺で強い。おそらく作り話だろうが、もっともらしい逸話がある。ある経済学者がリンドン・ジョンソン大統領に予測の不確実性を説明しようとした。経済学者は自分の予測を、ここからここまでというレンジで示した。するとジョンソン大統領はこう言った。「レンジ（柵）が必要なのは牛だ。私には数字で示してくれ」（PP7〜8）

不確実性があるなどと言わず、とにかく予測を数字で示せとジョンソン大統領ばりに言われたら、それに従わざるを得ないと思うのは無理もない。

1998年、ある会議で私が仮定の信頼性と政策分析に関して最初の研究成果を発表したとき、旧知の計量経済学者ジェリー・ハウスマンは、インセンティブの論点を取り上げ、こう述べた。「クライアントにバウンドを示すわけにはいかない。クライアントが求めているのは点だ」（**バウンドはレンジや区間と同じ意味であり、点とは正確な予測のことだ**）

ハウスマンの見解には、経済コンサルタントに共通する認識が反映されていることに私は気づいた。**クライアントである政策立案者は、不確実であることを心理的に受け入れら**

れないか、認知的に対応ができない。となれば、予測が信頼できないとしても、点で予測をするのが現実的な対応だというのだ。

こうした心理的、認知的な面からの確実性に関する議論には、その出発点に、政策立案者も人の子であって、未知のことを重んじる意思にも能力にも限りがあるという前提がある。それは無理もないが、だからといって「クライアントが欲しいのは点だ」という一般的な結論を導くのは行き過ぎだと思える。

なかには、それが純粋に確定したものと受け止める人もいるだろう。だが、膨大な予測を検証した研究によると、要請があれば、確率を付与した妥当な予測が行われるのが一般的になっている。さらなる議論と事例を第3章で取り上げよう。政策立案者の能力が、一般の人々より劣ると考える理由は見当たらない。

■「最も単純な仮説こそ正しい」と考えるのは正しくない

アナリストは点で予測を示すべきとの主張は、アメリカ大統領や経済コンサルタントに限った話ではない。科学哲学の世界では長い歴史がある。

ミルトン・フリードマンは50年以上前、有力な方法論について述べた著書のなかで、この見方を披露した。予測は科学の主要な目的であるとして、こう述べている。[*3]「実証科学の究極の目的は、まだ観察されていない現象に関して有効で有意義な(自明ではない)予測が立てられる『理論』ないし『仮説』を発展させることである」(P5)。さらに、こう論じる。[*3]

入手可能な証拠と矛盾しない代替的な仮説の選択は、ある程度恣意的なものにならざるを得ない。ただし、完全に客観的とはいえないものの、「簡潔さ」と「成果」といった基準に照らして重要な考慮がなされているという一般的な合意が存在する。(P10)

こうしてフリードマンは、「ある程度恣意的な」基準で選んだにせよ、1つの仮説を選択する(つまり、強い仮定を置く)よう科学者に推奨する。数多くの仮説のうち、たった1つを選ばねばならないのはなぜか、その理由についてフリードマンは説明していない。入手できるデータと矛盾しない、ある程度の幅を持つもっともらしい仮説の下で予測を立てるという考え方をよしとしない。

科学者はデータと矛盾しない複数の仮説のうち、1つを選ぶべきという考え方は、フリードマン固有のものではない。1つの仮説にこだわることの正当性を示そうとする研究者がよく言及するのが、**オッカムの剃刀**である。中世の哲学者で神学者であったオッカムは、「ある事柄を説明するのに、必要以上を仮定すべきではない」と断じた。『ブリタニカ百科事典』のオンライン版（２０１０）には、現代におけるこの格言の一般的な解釈が記されている。「この原則では、競合する２つの理論のうち、単純なほうを優先する。ある事柄に対して、簡潔に説明できるほうが好まれる」[*4]。哲学者のリチャード・スウィンバーンは１９９７年の著書のなかでこう書いている。[*5]

現象の説明として提示された仮説のうち、ほかのことが同じであれば、最も単純な仮説が本物の仮説であり、それに基づく予測は、ほかの仮説に基づく予測よりも正確である可能性が高いこと、認識論では単純さこそが真実の証であるという究極の自明の理を示したいと思う。（Ｐ１）

ここで提示されている選択の基準は、フリードマンが示したものと同程度に正確とはいいがたい。『ブリタニカ百科事典』やスウィンバーンがいう「単純さ」とはどういうものだろうか。

たった１つの仮説を選択するために、さまざまな哲学的見解を援用するにせよ、哲学的見解と政策分析の関連性は明白ではない。政策分析において知識は、優れた判断をするという目的の手段でしかない。哲学者が、知識の論理的な基盤や、知識をどう構築するかを論じるとき、あれこれ明確な目的を念頭に置いて論じているわけではない。

データと矛盾しない複数の仮説のなかから、「単純さ」といった基準を使って、ただ1つの仮説を選択することが、優れた政策立案を促すことになるのだろうか。これは、政策分析にとって重要な問いである。私が知る限り、この問いに応えた哲学者はいない。

1-3 「信頼できない確実性」を生む背景1　社会通念上の確実性

ジョン・ケネス・ガルブレイスによって、社会通念という言葉がよく知られるようになった。著書にこう書いている。「受け入れやすさから、常に尊重される考え方に名前があると便利だろう。その名前は、予測しやすさを強調したものであるべきだ。よって私は、こうした考え方を社会通念と呼ぶことにする」[*6](chap2)。ウィキペディアでは、次のようにうまく説明されている[*7](2010年時点)。

社会通念とは、一般大衆やある分野の専門家に真実として受け入れられている考え方や説明を指す言葉である。この言葉には、ある考え方ないし説明が、広く支持されているが、検証されておらず、したがって深く検証したり物事が進展したりする場合には、見直される可能性があることを暗に示唆している。……社会通念は必ずしも正しいわけではない。

本書では同様の意味で、一般的に真実だと受け止められているが、必ずしも正しくない予測を指す言葉として、「**社会通念上の確実性**」という用語を使っていく。

■アメリカ連邦議会のコスト予測は信頼できるのか？

今日のアメリカで社会通念上の確実性の具体例といえるのが、連邦法案の審議における議会予算局（CBO）のスコアリングである。応用の事例研究として、これを取り上げよう。

CBOは、1974年議会予算法で設立された。402条にはこう書かれている。*8

CBOの局長は、（両院の歳出委員会を除き）下院または上院の委員会に報告された公共の性格を帯びた各法案あるいは決議について、可能な限り以下を準備し、委員会に提出しなければならない。すなわち、かかる法案ないし決議について、成立した年度およびその後の４会計年度の各年度に予想されるコストの予測、あわせてその予測のもとになる根拠である。（PP39〜40）

この条文は、法案が成立した場合の予算の影響について、ＣＢＯが点で予測（スコアリング）しなければならないと解釈されてきた。１９７４年のこの法律は、向こう5年の予測を求めるものだったが、最近は向こう10年の予測を提示するのが慣例になっている。ＣＢＯスコアは、議会指導者や議会委員会の委員長宛ての書簡の形をとる。法案では連邦法の複雑な改定をともなう場合が多いが、予測がどの程度確実なのか、その尺度が添付されているわけではない。連邦法の複雑な改定が予算に及ぼす影響を予測するのは一筋縄ではいかない。

真剣に政策分析を行う者であれば、複雑な法案の影響を評価するスコアリングが、いくつもの薄弱な仮定から導出された不確かな数字であることを認識している。アラン・オーバックは、税制改正が連邦の歳入に及ぼす効果のスコアリングにかかわる事情を踏まえて、１９９６年の論文にこう記している。「正直にいうと、**不確実性が大きすぎて、実際の報告書に記載された予測値の2倍ないし半分を予測している例が少なくない**[*9]」（Ｐ１５６）

提出される法案が勤労、雇用、購買などのインセンティブを変化させることにより、個人や企業の行動に大きく影響を与える場合、信頼できるスコアリングを作成するのは特に難しくなる。大学の経済学者は、1つのテーマを何年にもわたって研究することが許され、公共政策のどの要素がいかに個人や企業の行動に影響を与えているかを把握しようと日夜努めているが、それでも限られた成果しか上げていない。CBOのアナリストが直面するのは、複雑な法案に盛り込まれた多くの政策変化の影響を予測するというさらに難しい課題である。しかも、極度の時間的な制約の下でこなさなければならない。

この点を踏まえると、CBOのスコアリングがアメリカ社会で幅広く受け入れられているのは驚くべきことだといえよう。政党の対立が激しいこの時代に、民主、共和双方の議員から待ち望まれているのだ。そして、メディアはおおむね額面どおりに受け取っている。

■不確実な予測が事実として報じられている

2009年から2010年に成立した主要な医療関連法案のCBOのスコアリングを見ると、現在の慣行がよくわかる。法制化のプロセス全般をとおして、議会とメディアは、議会のさまざまな委員会で検討された代替案のスコアに注目した。

注目が最高潮に達したのは2010年3月18日。CBOは税制に関する合同租税委員会

（JCT）のスタッフの協力を得て、患者保護並びに医療費負担適正化法と、2010年修正法の複合的な影響を予測する予備的スコアを提出した。

ダグラス・エルメンドーフ予算局長は、ナンシー・ペロシ下院議長に次のような書簡を送っている。「CBOとJCTは、両法案が成立した場合……直接的な支出と収入の変化により、2010〜2019年の期間に、連邦政府の赤字幅をネットで1380億ドル削減する効果があると予測している」[*10]（P2）

法案に盛り込まれた連邦法のいくつもの改正点を真剣に検討すると、赤字削減効果として予測された1380億ドルという数値がかなり大雑把なものにすぎないことがわかるはずだ。にもかかわらず、エルメンドーフ局長からペロシ議長に宛てられた25ページの書簡には、不確実であるとはどこにも書かれていないし、予測値を導いた方法も述べられていない。

メディアはCBOの予測値をおおむね事実として受け止めた。社会通念上の確実性の最たるものである。たとえば2010年3月18日付のニューヨーク・タイムズ紙は、CBOのスコアリングが法案の作成にいかに重要な役割を果たすかを報じている。「CBOが木曜日に発表した新法案の向こう10年のコスト予測では、大統領が望むものをほぼすべて手にしたことが明らかになった。被保険者の拡大によって予想されるコストは9400億ドル、連邦財政赤字は今後10年で1380億ドル削減されると見込まれている」[11]。同紙は、9400億ドル、1380億ドルという数字の妥当性については疑問を呈していない。興味深いのは、CBOが向こう10年の影響を試算した際に示した確実性は、期間の長さを考えれば著しく不確実であるということだ。エルメンドーフ局長は、ペロシ下院議長に宛てた書簡でこう述べている。[10]

CBOは通常、10年の予測期間を超えてコストを予測することはしないが、一部の議会ルールで、法案がそれ以降の財政に及ぼす影響について、なんらかの情報を提供することが求められている。……そのためCBOでは、2010～2019年以降の10年間について大まかな見通しを示した。……CBOの分析では、上院を通過したHR3590は、現行法の下での予測に比べて、連邦財政赤字を減らす見通しであり、2019年以降の10年の赤字削減効果は、国内総生産（GDP）の0・25％から0・5％の間の幅のあるレンジになると見込んでいる。（P3）

■予測期間は「慣行」次第？

CBOが10年とそれを超える期間に線引きをしているのは、どのような認識に基づくのか。局長がポール・ライアン下院議員に宛てた3月19日の書簡からうかがい知ることができる。*12

CBOが10年予算枠について行ったような1年ごとの詳細な予測を、10年を超える長期間について行うことは、不確実性が大き過ぎるため無意味だと考えられる。不確実な要因はさまざまで、人々の健康、財源、保険の対象範囲、（医学研究の進歩、技術開発、医師の診療パターンの変化などの）医療行為など、幅広い分野で変化が起こりうる。これらは重大な変化だが、現行法の下でもいかなる新法の下でも予測は著しく困難である。（P3）

このようにCBOは、医療保険制度改革が財政に及ぼす影響について、10年後以降も予測を求められると、にわかに不確実性を認め、点予測ではなく「幅のあるレンジ」予測をすることにした。

CBOはなぜ、10年を超える期間の予測を求められたときにだけ、不確実性があると表明したのだろうか。短期予測より長期予測のほうが不確実な要素が多いだろうが、10年という期間で区切って、それまでは確実だが、それ以降は不確実だというのが理に適っているとは思えない。ライアン議員に宛てた書簡でエルメンドーフ局長は、起こりうる変化として、保険対象の範囲が変わることや医師の診療パターンの変化を挙げているが、こうした変化は、新法案が可決、成立すればその直後に起こる可能性があるのだ。

スコアリングについてCBOのさまざまな関係者と議論した結果を踏まえると、エルメンドーフ局長はペロシ下院議長に宛てた10年予測が大雑把な予測にすぎないことを認識していたのは間違いないだろう。それでも局長は、10年予測にあたって、それを確実なものとして提示するというCBOの長年の慣行に従わざるを得なかった。10年予測は、議会の正式な予算審議過程で正式な役割を果たしているのだ。

非公式には不確実性を認識しながらも、公式には確実であるかのように装わなければならないという緊張すべき状況は、同じく米国保健福祉省(HHS)の文書にも見受けられる。[*13] これは、医療保険制度改革法が財政に及ぼす影響を独立して予測したものだ。CBOの文書と同様、HHSの文書でも予測は点で示され、不確実性がどの程度あるかただし書きがついているわけではない。ただHHSは、予測は不確実であるとの記述で注意を促している。[*13]

医療保険制度改革法のモデル化には著しい困難をともなうため、HHSの予測はほかの専門家や機関の予測とは大きく異なる可能性がある。予測主体による予測結果のばらつきは、政策立案者の間に混乱を引き起こしがちである。しかしながら、予測はおしなべて不確実なものであり、将来、顕在化する影響はいかなる主体の予測とも大きく異なるものになる可能性を想起させてくれるという意味で、こうしたばらつきは有益な警告を発している。実際、将来のコストと保険対象の範囲の変更の影響は、さまざまな機関が提供した予測のレンジを外れる可能性がある。（P19）

■コスト予測に幅を持たせた「区間予測」が推奨される

ＣＢＯは１９７４年の設立以来、党派に偏らない存在として評判を築き、維持してきた。法案のスコアリングについては、現状のままＣＢＯに任せ、予測が確実なものであると表明させておくのが最善なのかもしれない。その確実性が、信頼できる確実性というより、社会通念上の確実性であったとしても。

すべてお任せにしておきたくなるのはわからなくもないが、それは賢明なこととはいえないのではないか。私は財政に及ぼす影響についてＣＢＯが信頼できる予測を示せば、議会がよりよい意思決定をすると考えたい。こうした期待が妥当かどうかはともかく、ＣＢＯスコアを額面どおりに受け止める既存の社会契約は遅かれ早かれ破綻するのではないかと懸念している。**しっかりした裏付けのない社会通念上の確実性が、いつまでも続くわけがない。**不満を持つ議会の会派やメディアから「王様は裸だ」と指弾される前に、CBOは評判を守るべく先手を打ったほうがいい。

法案の影響のスコアリングという公式な機能を果たすうえで、CBOに求められているのはあくまで点予測だと示唆されている。たとえばCBOのアナリスト、ベンジャミン・ページは、2005年の論文にこう書いている。[*14]

連邦予算を作成するプロセスで、スコアリングは特別な意味を持っている。1974年議会予算法の下、CBOは議会委員会によって提出された法案1つひとつについて、コスト予測、いわゆる「スコア」を提示する。……その性格上、コスト予測はただ1つの点予測でなければならない。(P437)

だが、議会予算法を読むと、スコアリングという公的機能を果たすうえで、CBOが不確実性の程度を示すことが禁じられているわけではない。

議会予算に関する文書に、CBOのスコアリング手順の改定プロセスが記されている。米国下院予算委員会にはこうある。[*8]

これらの予算にかかるスコアリング手順のガイドラインは、上下両院の予算委員会、CBO、行政管理予算局（総称して「スコアキーパーズ」）が1974年議会予算法、同修正法、およびGRH2の遵守をはかるうえで活用されるべきものである。本ガイドラインの目的は、確立されたスコアリング手順の慣習と矛盾なく、さらには、裁量的支出、直接支出および受取に関する法律で定められた要件と矛盾なく、法案が赤字に及ぼす影響を計測されるようにすることにある。これらのルールは、スコアキーパーズによって毎年見直され、かかる目的を遵守するべく、必要に応じて修正される。これらのルールは、すべてのスコアキーパーの同意が得られない限り改定することはできない。新たな費目ないし活動を分類に加えるには、スコアキーパー間の協議が必要である。すべてのスコアキーパーが同意しない限り、費目ないし活動を組み替えることはできない。（P156）

この文章からわかるのは、CBOがスコアリングの手順を一方的に変更することはできないが、ほかの「スコアキーパー」が同意すれば変更できるということだ。

CBOが不確実性を表明できるとすれば、どのようにすべきだろうか。この問いにずばりこれという答えはなく、口頭の説明で済ませる程度から予測の確率を示す程度まで、幅を持ったものになろう。簡潔であることと、できる限り情報を盛り込むことのバランスを取るという目的を念頭に、私が推奨するのは、法案の財政への影響について区間予測を提示する方法である。

単純化していえば、CBOは法案の影響に関して低いスコアと高いスコアの2つを算出し、両方を公表しさえすれば、区間予測が成立する。CBOが公的な目的で点予測を提示しなければならないとすれば、引き続きそうすればよく、区間予測内で点を選べばいい。区間予測によるスコアリングという考え方は、まったく新しいものではない。オーバックが前述の論文で短く取り上げている。それにはこうある。「予測担当者は、予測を立てるに際し、自分自身の主観的な信頼区間を示すことができる。そして、この付加的な情報が政策立案者に役立つはずである」[*9]。オーバックはさらにこう注意を促す。「だが、統計を扱う正式な訓練を受けていない政策立案者が、信頼区間という概念をどの程度しっかり理解できるのかという疑問もある」

CBOは、みずからの区間予測を、統計理論の正式な意味での信頼区間として説明する必要はない。統計理論での信頼区間は、対象となる母集団のサンプルの少なさから生じる不正確な認識を集約するために使われている。財政への影響予測にともなう不確実性は、統計の性格に由来するのではない。つまり、サンプルから母集団を推定する問題ではない。アナリストが予測する際に、どのような仮定を置くのが現実的なのか確信が持てないのが問題なのだ。ＣＢＯの区間予測は、感度分析の結果であり、課された仮定のバリエーションに対する予測の感度を記述したものと捉えたほうが適切だろう。

■議会は不確実性を扱えるか

ＣＢＯのスコアリングについて区間予測を提案したところ、エコノミストや政策アナリストの反応はまちまちだった。学者はたいてい好意的だが、政権内部で働いた経験のある人たちはどちらかといえば懐疑的だ。実際、ＣＢＯ局長を務めたことのあるダグラス・ホルツ・イーキンからは、ＣＢＯが区間予測によるスコアを提示した場合、議会はおおいに不満だろうと言われた。

区間予測によるスコアリングに反対する議論は、2つのタイプに分かれる。1つは、1－2節で論じた心理的、認知的な議論である。もう1つの議論は、議会は本来一体ではなく、異なる信条や目的を持つ人々が、政策決定の過程で一体となって政策選択をしなくてはならないとみることから始まる。このため議会の意思決定は、ゲームとして概念化できるはずだと考える。

情報が多ければ多いほどよりよい意思決定につながるという通常の経済学の想定は、ゲームには必ずしもあてはまらない。多くの情報を持っているプレイヤーが採用する戦略は、よりよい結果につながることもあれば、裏目に出ることもある。結果は、ゲームの構造とプレイヤーの目的次第だ。

議会の政策選択をゲームだとみると、当然ながら信頼できるスコアを受け取った議会は必ずよりよい意思決定を行うはずだという希望的観測が生まれる。だが、ゲーム理論は一般的に、信頼できるスコアリングより現行のCBOの慣行を優先すべきとの主張を支持するわけではない。ゲーム理論がスコアリングに関して規範的に有効な結論を生み出すことができるかどうかについては疑問の余地がある。

■不確実性への態度はイギリスに学べ

興味深いことに、ワシントンでは政府予測の不確実性に対して明らかな不信感があるが、ロンドンではそうでもない。イギリスの中央銀行であるイングランド銀行は、1996年以降、定期的に予想インフレ率を確率付きで公表し、「ファン・チャート」として視覚に訴える形で提示している。[*15] ファン・チャートは、予測の不確実性がどの程度あるかを簡潔に、かつ情報を盛り込んで提示するものだ。

直近では、議会に提出された法案の影響力評価を義務付けることが、イギリス政府の公式な方針になっている。政府は具体的に感度分析の実施を求め、影響力評価ツールキットのなかで各機関に以下のような方針を示している。「費用・便益予測につきまとう不確実性を反映させるには、幅を持たせた費用・便益予測を提示する必要があろう」*16（P23）

このように、イギリスにおける政府予測の規範は、アメリカのそれと違っている。なぜそうなのか、私にはよくわからない。

1-4 「信頼できない確実性」を生む背景2 正反対の確実性

医療保険制度改革法案による財政赤字削減効果を1380億ドルとするCBOの予測を否定した数少ない論者の1人が、当のCBOで局長を務めたダグラス・ホルツ・イーキンだった。CBOスコアを切り捨て、みずから法案の影響を試算している。「現実に、すべての仕掛けや予算ゲームを排除して分析をやり直すと、まったく違う像が浮かび上がる。医療保険制度改革法案では、財政赤字は減少するどころか5620億ドル増加する」*17

CBOとホルツ・イーキンのスコアには、7000億ドルもの開きがある。とはいえ、確実性について両者は共通している。どちらも正確な数値として示され、どれだけ不確実性があるかは示していない。

これは「**正反対の確実性**」の例である。ホルツ・イーキンは、CBOがロジック上の間違いを犯していると主張したいわけではない。CBOが推計の際に置いた仮定がおかしいのではないかと疑問を呈し、**みずからが望ましいと考える別の仮定を置くと結果が大きく違ったものになる**と主張しているのだ。それぞれのスコアは、それ自体では理屈が通っていて、入手可能なデータを仮定にあてはめ、論理的に妥当な結論を導いている。それでも2つのスコアは著しく違った結果になったのだ。

ワシントン・ベルトウェイの内部、そして往々にしてそれを越えて実践されている政策分析スタイルになじみのある人なら、正反対の見解がさも確実であるかのように主張される現象にすぐ思い当たるだろう。具体例として、10年前に全米研究評議会（NRC）の違法薬物対策委員会を主宰した私自身の経験を紹介しよう。[18〜19]

■コカイン消費量を1％削減するのに必要な費用を予測する

1990年代半ば、連邦政府の違法薬物対策をめぐる議論では、コカイン対策をめぐる2つの分析が重要な役割を果たした。1つはランド研究所による分析、[20] もう1つは防衛分析研究所（IDA）による分析[21]である。どちらの研究も、アメリカのコカイン消費量を

1％削減するという似通った仮の目標を置き、目標を達成するためのさまざまな対策の金銭的なコストを推計した。だが、ランドとIDAでは、仮定も使用するデータも異なっていたため、結論として導かれた対策は大きく異なる結果になった。

ランドの研究者はコカインの需要供給モデルを構築した。そのモデルは、生産者と消費者の複雑な相互作用の特性と、代替的な対策をとおしてコカインの消費量と価格に影響を及ぼす微妙なプロセスを正式に特定する狙いがあった。そして、このモデルを使って、さまざまな需要管理政策、供給管理政策を評価し、次のような結論を導いた。

この分析の目的は、向こう15年で、現在の年間消費量の1％に相当するコカインを削減することである。最もコスト効率がよい対策は、予測初年度に最も少ない追加的な支出で目標を達成できる対策である。必要な追加支出は、原産国管理7億8300万ドル、水際対策3億6600万ドル、国内の削減対策に2億4600万ドル、薬物治療3400万ドル……である。同じ消費量を削減するのに、供給管理対策として最もコストが少ないプログラム（国内の削減対策）のコストは、需要対策である薬物依存治療プログラムの7・3倍である。（Pxiii）

ＩＤＡの調査報告では、コカインの生産地域の水際対策とコカインの末端価格の関係を時系列で調べ、ランドとはまったく異なる政策を提言するに至っている。

費用対効果の大まかな推計では、原産国の生産阻止により消費量を１％減らすコストは、年間数千万ドル程度であり、以前に［ランドの研究］で報告されたような10億ドル単位ではない。この差は主として、ランドの調査報告では主要コストを密輸業者対策にあて、水際対策のコストを過大に見積もっている点に起因する。（Ｐ３）

つまり、ＩＤＡの報告書は、ランド報告の主要な結果に真っ向から反論したわけだ。

■２ケタも離れた２つのコスト予測

ランドとＩＤＡの報告書が公表された当時、連邦政府の薬物対策の財源争いに注目が集まった。ランドの報告書は、財源を薬物治療プログラムにあてるべきであり、生産防止策や密輸防止対策からシフトさせるべきとする主張に使われた。これに対し、ランド報告の再検証の一環として行われたＩＤＡの報告では、密輸防止対策の予算を現行かそれ以上の水準で維持すべきとする主張に援用された。

議会公聴会では、全米薬物管理政策局（ＯＮＤＣＰ）のリー・ブラウン局長（当時）が、ランドの調査結果を引き合いに出して、薬物治療対策が重要だと主張している。[*22]

薬物問題に関する研究で、現時点でわかっていることをお話しさせていただきます。薬物治療プログラムはコスト効率が極めてよく、公共の安全に多大な恩恵をもたらすことを説得的に示した証拠事実が存在します。１９９４年６月、ランド研究所は、薬物治療プログラムが最もコスト効率がよい薬物対策であるとの結論を出しています。（Ｐ61）

ＩＤＡの報告にあてられたその後の公聴会では、小委員会のウィリアム・ゼリフ委員長が、ＩＤＡの調査結果を引き合いに出して、密輸阻止の水際対策が有効だと主張した。[*23]

本日、公聴会を開催しましたのは、薬物対策に関する調査報告、重要な発見が含まれていると考えられる調査報告を検証するためです。この調査は、１９９４年、ペリー国防長官の要請により、独立組織ＩＤＡが実施したものです。……小委員会はかねて、全米の薬物戦争に勝利するための主要な手段として、政府が薬物治療に依存し過ぎているのではないかと疑問視してきました。さらに、薬物治療プログラムの大幅な増加を支えるため、密輸阻止の水際対策を大幅にカットするという提言に疑問を抱いています。薬物対策がこのように変化した背景には、政権が1994年のランド報告の結果を信頼してきたことがあります。(P1)

■「どちらも説得力ある根拠を示せていない」

ONDCPの要請を受け、NRCの薬物対策のデータ・研究に関する委員会は、ランド報告とIDA報告を検証し、評価した。この結果は、小委員会の報告書として公表されている。*18

2つの調査の仮定、データ、手法、成果を検証したうえで、NRC委員会はどちらも、コカイン対策を立案するうえでの説得力ある根拠を示せていないと結論付けた。ランドの研究に対する評価は、以下のようにまとめられている。

ランド報告は、コカイン問題を考えるための一貫した方法を提供する概念的研究と考えるのが妥当である。同調査には、多大な労力をかけてコカイン市場の重要な構成要素を特定し、モデル化しようとした跡がうかがえる。コカインの生産者と消費者の複雑な相互作用と、代替的なコカイン対策が消費量と価格に影響を及ぼす微妙なプロセスを正式に特徴付けようとした本格的な試みである。同調査は、コカイン市場のより精緻なモデルを開発し、こうしたモデルを応用して代替的な対策を評価する実証研究のための重要な出発点となった。

しかしながら同調査は、コカインの消費量を削減する代替的な政策の相対的なコスト効率に関して有用な実証的成果をなんら生み出していない。コカインの製造、流通、消費プロセスに関して、実態と合わない仮定を数多く課している。これらの仮定を納得できる形で変更すると、報告書にある定量的な結果だけでなく、定性的な主たる結論も変わる可能性がある……したがって同調査報告の結果は、コカイン対策を策定するうえで説得力ある根拠にはなり得ない。（P28）

IDAの調査報告は、以下のように評価されている。

IDAの調査報告は、アメリカにおけるコカイン市場の分析に関連する統計を時系列で分析したものと考えるのが最善である。1980年以降のコカインの価格、純度、使用に関して時系列の実証的データを示している点で貴重な貢献をしている。コカイン市場の取引を理解するための努力は、実証データを踏まえたものでなければならない。ＩＤＡの調査報告は、こうしたデータを数多く提示し、さまざまな系列データ間の興味深い関連性について注目を促している。

しかし、ＩＤＡの調査報告は、コカインの消費量を削減するための水際対策のコスト効率について、有用な実証的データを提供しているわけではない。調査の仮定、データ、手法の大きな欠陥から、水際対策の評価の根拠として、ＩＤＡの研究結果を受け入れることはできない。たとえば、データから結論を導く際に、時系列で見たコカイン価格の指数関数的な下落基調からの逸脱はすべて水際対策によるものであり、コカイン市場に影響を与えているほかの要因は一切ないと仮定したのは大きな問題である。さまざまな問題によって、同調査で開発されたコカイン価格データの信頼性は損なわれており、水際対策選択の手続きを評価するには情報が不足している。（Ｐ43）

つまり委員会は、ランド、ＩＤＡいずれの調査報告も、アメリカのコカイン消費量を減らす代替的な政策のコストについて信頼できる予測を提供していないと結論付けているわけだ。

現時点での私の考えを述べると、両者にはさまざまな違いがあるが、どちらの報告も信頼性が欠如していることに比べれば、それらはさほど重要ではない。それぞれの調査は内的な一貫性はあるかもしれないが、どちらも依って立つデータの根拠が薄弱で、仮定も中身がともなっていないため、結果の信頼性が損なわれている。NRCの委員会はおおいに不満で、どちらの調査からも、政策に関する控えめな教訓すら引き出すべきではないと結論付けざるを得なかった。どちらも有用な観察結果を生んでいない。

どちらの調査報告についても言えることだが、最も厄介なのは、強引に強い結論を導き出そうとしていることだ。研究者が不完全なデータを理解しようと、根拠が薄弱な推定を受け入れてしまうのはわからなくはない。だが、**ある調査で導かれる結論の強さは、証拠の質と釣り合ったものでなければならない。**研究者が行き過ぎると、自分自身の信頼性を損なうだけでなく、科学全般に対する人々の信頼を損なうことになる。薬物対策のような異論の多い問題について、研究者が無理やり強い結論を引き出そうとすると、国民の不信感は強くなるものだ。

1-5 「信頼できない確実性」を生む背景3　科学と主義主張《アドボカシー》の融合

前に実証研究における推論のロジックを、「仮定＋データ→結論」という関係でまとめた。手に入るデータが同じだとすれば、科学的手法では推論は上から下の方向になると考えられる。仮定を置き、結論を導き出す。だが、方向を逆にして、**あらかじめ決まった結論になるような仮定を探すこともできる。**後者のやり方が、主義主張《アドボカシー》の特徴である。

政策アナリストは、当然ながら自分たちの協議プロセスを科学的と称する。とはいえ、なかには**科学的な体裁をとりながら、主義主張の政策提言を行っている分析もある。**シンクタンクによって、調査結果の結論はリベラル色が強くなったり、逆に保守派色が強かったりする。一部の学者が出す結論も、同じように予想しやすい。こうした分析は、先入観なしに始まり、推定のロジックで結論を導き出したとされているが、自分たちが心地よいと感じる結論から始めて、その結論を裏付けるべくロジックを遡っていった可能性がある。

１９８０年代後半、私は貧困研究所の責任者として頻繁にワシントンを訪れていたが、思慮深い年配の議会スタッフ、スコット・リリー氏から、あらゆる政策分析は、特定の政策を実現させるための主義主張と見るのが妥当だと聞かされた。リリー氏としては、中立を装った研究者の調査よりも、旗色が鮮明で評判が確立しているシンクタンクの調査のほうがいいという。シンクタンクの調査なら、筆者のバイアスがわかっているので、その分を割り引いても得られるものがある。これに対して、バイアスがあるかもしれないが、それを隠そうとしている研究者の調査は見極めにくいのだという。

前に引用したミルトン・フリードマンには、科学と政策提言を融合する魅力的な才能があった。ここでは一例を取り上げよう。科学者であり政策提言者でもあったフリードマンの全体像については、クルーグマンの著書を参照してもらいたい。[*24]

■教育の「バウチャー制度」の妥当性を検証する

教育のバウチャー制度を提唱する人々は、アメリカでは無料の公立学校制度によって生徒の選択肢が狭められ、学校に代わる優れた教育機関の発展が妨げられていると主張してきた。政府が無料の公立学校を運営するのではなく、バウチャー制度に変えて一定の基準を満たした学校を生徒が自由に選べるようにすべきだという。

バウチャー制度の考え方には長い歴史がある。トマス・ペインが1791年、『人間の権利』のなかでバウチャー制度を提唱しているが、現代においてバウチャー制度への関心を呼び起こしたのは、一般的にフリードマンの功績とされる。[*25~26] バウチャー制度に関するフリードマンの著述は、科学と主義主張を融合した分析の最たるものだ。

フリードマンは学校の教育制度と学力を関連付ける実証的な証拠を何ひとつ示していない。あくまで経済理論上の古典的な議論をひいてバウチャー制度を主張しているにすぎない。以下のように始まる。[*25]

特定の分野で政府に課される役割は、いうまでもなく、一般の社会組織に受け入れられている原理に依存する。その上で、社会の究極の目的として、個人の自由、もっと現実的には家族の自由の尊重を目的とする社会、個人間の自主的な交換による経済活動を促進する社会を考えたい。民間主体が自由に交換を行うこうした経済では、政府の一義的な役割は、契約を履行させ、強制を排除し、自由な市場を維持するゲームのルールを保全することである。これを超えて政府の介入が正当化されるのは、次の3つの場合に限られる。第一が「自然独占」、またはそれに近い市場の不完全性であり、効率的な競争（ひいては完全で自主的な交換）が不可能な状況である。第二は、大規模な「近隣効果」が存在する場合である。具体的には、個人の行動がほかの人々に多大なコストを押し付け、当人ではそのコストを補償することができない、あるいは多大な恩恵をもたらすが、見返りを求めることがない場合である。第一と同様、自主的な交換が不可能な状況である。第三は、自主的な交換によって最終目的を達成するのが難しいかどうかではなく、最終目標そのものが曖昧であることに起因する。いわば子供や無責任な個人に対する家父長的な心配である。

フリードマンはさらに、「政府の介入を正当化する3つの主要な根拠」に照らし合わせると、政府が教育バウチャーを発行するのは正当な行為であり、無料で公立学校を運営することは教育産業の「国有化」になると主張している。

■結局「反証がないから正しい」といっているだけ

フリードマンは、政府が公立学校を運営する根拠を繰り返し検討し、それを退けている。近隣効果に関するフリードマンの議論を引用しよう。

「近隣効果」を根拠に教育の国有化を支持する説に、そうしなければ社会の安定に不可欠な共通の価値観を醸成することができないとする議論がある。……この議論はかなりの力を持っている。だが、この議論が明らかに正当だとはいえない……

教育を社会統一の原動力にするために政府による公教育が不可欠であるとする考え方の根拠の1つに、私立学校は階層の格差を助長しかねないとする説がある。わが子をどの学校に通わせるかを選べる自由度が大きいと、似たような親同士で固まる傾向があり、バックグラウンドが決定的に異なる子供同士の健全な交流が妨げられるという。この議論が原則として妥当かどうかはともかく、主張されたとおりの結果になるのは明白とは到底いえない。

この文章は興味深い。フリードマンは近隣効果に関して実証的証拠を一切挙げていないし、このテーマについての調査を求めているわけでもない。単に近隣効果があるからといって公教育を保証することが「正当だとはいえない」、「明白とは到底いえない」と述べているだけである。

フリードマンのレトリックでは、証明する負担を無料の公教育に負わせ、反証がないのだからバウチャー制度は好ましい政策であると主張しているのだ。これは、みずからの主義主張を押し通す主義主張のレトリックであり、科学のレトリックではない。公教育の必要性を主張する人も同じように、証明する負担を相手に押し付け、私教育が優れているという証拠はないのだから既存の教育制度を存続させるべきだと主張することができる。これでは、まさに「正反対の確実性」を生むことになる。

以前に論じたことだが、[*27] 経済理論だけでは教育制度の最適な設計に関する結論を引き出すのに十分でないことを、科学分析は認める必要があるだろう。バウチャー制度導入の意義は、フリードマンが政府の介入を正当化する要件として挙げた市場の不完全性や近隣効果の規模と性格に依存する。そしてフリードマンが著書を執筆した1950年代半ばには、これらに関連する情報はほとんどなかったとみるべきだろう。実は、必要な情報の多くはいまだに揃っていないのである。

1-6 「信頼できない確実性」を生む背景4　希望的推論

『オックスフォード英語辞典第2版』で推論（extrapolation）をひくと、「観察された傾向をもとに、将来または仮想的な状況に関する結論を導くこと」と定義されている。この意味において、政策分析でデータを活用するにあたって推論は欠かせない。政策分析は、単に観察された傾向の歴史を学ぶものではない。その主な目的は、既存の政策を継続した場合、あるいは代替的な政策を施行した場合に起こりうる結果を予想することによって、政策の選択肢を提示する点にある。

『オックスフォード英語辞典』を疑うのは恐れ多いが、この推論の定義は不完全だとみるのが肝要だろう。推論のロジックでは、観察された傾向だけをもとに将来あるいは仮想的な状況に関する結論が導けるわけではない。重要なのが仮定である。そこで、『オックスフォード英語辞典』の推論の定義をこう修正したい。「観察された傾向と課された仮定に基づいて、将来または仮想的な状況に関する結論を導くこと」

入手できるデータが同じだとすれば、推論の信頼性は、どんな仮定を課すかによって変わってくる。だが、**根拠が薄弱な仮定を課して推論を行うことが少なくない。**こうした信頼できない確実性を、「**希望的推論**」と呼ぶことにする。

最も一般的なのは、将来あるいは仮想的な状況が、ある時点で観察された状況と同じだと仮定する推論だろう。**アナリストがこうした「不変の仮定」を課すことはよくある。それが妥当な場合もあるが、たいてい根拠が薄弱である。**仮定の妥当性が問われる心配がないというお墨付きをアナリストに与えることで、不変の仮定が、社会通念上の確実性という地位を獲得してしまう。

希望的推論の最たる例として、過去の私自身の論文[*2、28]から選別的隔離の議論を最初に取り上げる。次に、米連邦食品医薬品局（ＦＤＡ）の新薬承認プロセスを例にとって、ランダム化実験からの推論について検討することにしよう。

■過去の犯罪歴と再犯可能性の間に関係はあるか

ランド研究所は１９７８年、カリフォルニア州、ミシガン州、テキサス州の刑務所と受刑者から抽出した被験者に対して犯罪行為に関するアンケートを実施し、その回答をもとにした調査結果を１９８２年に公表した。[*29〜30]回答者のほとんどは、逮捕・起訴された事件より前の期間に年間5件以下の罪を犯していたと答えていた。少数だが犯罪率がはるかに高いグループがあり、なかには年間１００件以上の罪を犯していたケースもあった。

ランド研究所の研究者チームは、被験者について個人のさまざまな属性（過去の犯罪歴、薬物の使用歴、職歴）と犯罪行為率の高さの間に強い相関性があることを見出した。この観察結果をもとに研究チームの一部は、犯罪撲滅対策として「選別的隔離」を推進すべきと考えた。[*30] 選別的隔離では、犯罪者の刑罰と、将来予測される再犯可能性を結び付けることを求める。将来再犯の可能性が高いと予測されるバックグラウンドを持つ者には、そうでない者よりも刑期を長くすることになる。

ランド研究所の報告書は激しい論争を巻き起こした。特にグリーンウッドが開発した再犯を予測する手法が法案として提出されると議論が沸騰した。[*31〜32] 選別的隔離をルール化することへの懸念もあったが、ランド研究所が報告書から導いた推論の信頼性を疑問視する声が大半だった。

ランド研究所の調査結果は、当時の量刑制度の下で、3つの州の受刑者から抽出された被験者を対象に、個人の経歴と自己申告の犯罪歴に相関関係があることを実証的に裏付けるものだった。この相関性は、ほかの州の受刑者にも成り立つのだろうか。既存の量刑制度では収監されていない犯罪者にもあてはまるのだろうか。量刑制度が変わっても成り立つのだろうか。何よりも選別的隔離が実施された場合、成り立つのだろうか。

ランド研究所の調査報告はこうした問いには答えていない。再犯を予測するにあたってグリーンウッドが採った手法では、時点、場所、量刑制度が変わっても、個人の経歴と犯罪の相関性はほぼ変わらないという単純な仮定を課していた。すでに見たように、**不変の仮定をもとにした推論は、希望的推論にすぎない。**

■「ランダム化実験」をもとにした推論は希望的推論

ランダム化実験の最大の魅力は、調査対象母集団については政策効果に関する信頼できる確実なデータが得られる点にある。標準的な実験手順では、調査対象母集団から無作為に被験者を選んで、**処置**を施す**処置群**を形成するよう求めている。処置群には、全員に同じ処置が施される。

処置に対する反応は個人だけの反応であると想定する。つまり、各人の結果は当人が受けた処置のみに依存し、母集団のほかのメンバーが受けた処置の影響は受けない。次に、処置を受けたグループ（処置群）の結果の分布は、（ランダムなサンプリング・エラーにいたるまで）仮に処置が母集団全員に施された場合と同じになると想定する。すると、個人だけの反応という仮定が信頼できるとき、ランダム化実験から、その処置が調査対象母集団全員に施された場合に起こりうる結果について、かなり信頼できる結論を導くことができる。

政策分析に共通する課題は、実験によって明らかになったことを、検討中の政策にあてはめることだ。政策にあてはめるため、検討対象の政策の下で起こりうる結果の分布が、特定の実験の処置群で見られた結果の分布と同じだと仮定することはよくある。このように不変の仮定が妥当な場合もないわけではないが、たいていは希望的推論にすぎない。

検討対象の政策が、実験で観察された政策と異なってしまう理由はいくつもあり、不変の仮定を置くことを疑わしいものにしている。政策選択を考えるうえで、ランダム化実験が特に重視されているのが医療の分野である。そこで、ＦＤＡの新薬の承認プロセスについて見ていこう。

■治験で得られた結果は、実際の患者にあてはめられるのか

ランダム化実験の調査対象母集団は、政策対象の母集団とは往々にして異なっているものだ。民主的な社会で実験への参加を強制することはできない。そのため実験の調査対象母集団は、自発的な参加者で構成されることになる。**実験で明らかになるのは、こうした自発的参加者の処置に対する反応の分布であって、政策が適用される人々の反応の分布ではない。**

製薬会社が新薬の承認をＦＤＡから得るために実施するランダム化臨床試験（治験）に

ついて見ていこう。こうした治験に自発的に参加する人たちは、新薬の対象となる患者の代表とはいえない可能性がある。自発的な治験の参加者は、製薬会社が提供する金銭的なインセンティブ、医学的なインセンティブに反応した人たちである。

金銭的なインセンティブとは、治験に参加すれば謝礼をもらえる、あるいは無料で治療が受けられることを指す。医学的なインセンティブとは、治験に参加しなければ手に入らない新薬を入手できるといったことを指す。

治験に自発的に参加したグループの反応の結果が、自発的に参加するわけではない人たちの結果と異なっているのであれば、治験の母集団は新薬が対象とする患者の母集団とは実質的に異なっていることになる。ＦＤＡが治験のデータをもとに医薬品を承認するとき、患者の反応は治験の被験者の反応に似通ったものになるという暗黙の仮定を置いている。この不変の仮定がどの程度正確かはわかっているとはいえない。

■実験と実際の政策では、「処置」が違う

実験で施される処置は、実際の政策で行われる処置とは異なっていることが多い。再度、新薬の承認で行われる治験について考えていこう。こうした治験は通常、**二重盲検法**で行われ、患者も医師も施される処置について知らされない。したがって治験で明らかになる

のは、患者がどの薬を受け取るのか患者も医師もわからない状況下の反応分布である。処方される薬を患者も医師もわかっていて、それに対して反応できる状況、つまり実際の臨床現場での反応分布ではない。

実験での処置と実際の政策での処置が異なるもう1つの代表例が、感染症予防のワクチンの評価である。伝統的な実験の分析で行われている個人だけの処置反応の仮定は、ワクチンを検討する際にはあてはまらない。

ワクチンは、接種した人を守るだけでなく、接種していない人の罹患率も引き下げる。**ワクチンが接種した人の免疫反応を引き起こし、感染や発病が抑えられるとき、内生的に有効**だといえる。**母集団のなかでワクチンを接種していない人や、接種したものの抗体ができなかった人への感染がある程度防げると、外生的に有効**だといえる。

標準的な治験では、内生的な有効性を評価することはできる。だが、ワクチンの接種率が異なった場合の外生的な有効性はわからない。被験者グループが母集団に比べて小さければ、接種率は事実上ゼロになる。母集団のうち無視できない割合に臨床試験のワクチンを打つ場合、観察結果で明らかになるのは、あくまで選択したワクチン接種率についての外生的な有効性にすぎない。接種率が変わると罹患率がどう変わるかを明らかにするわけではないのだ。

■実験と実際の政策では、対象とする「結果」も違う

実験期間が短い場合、計測上の深刻な問題が生じる。**知りたいのは、ある処置を行った場合の長期的な結果だが、短期間の実験で明らかになるのは目先の結果だけ**である。こうした代理の結果から、母集団の長期的な結果を信頼できる形で推論するのは、相当の難題である。

この点でも格好の例に挙げられるのが、新薬の承認における治験である。最も期間の長い臨床試験フェーズ3でも、通常は2、3年である。試験期間が十分でなく、処置が患者の健康状態に及ぼす影響を観察できない場合、代理の結果を測定し、その評価をもとに医薬品の承認が決定される。

たとえば、心臓病の薬は、心臓発作の頻度や余命の長さではなく、コレステロールの値や血圧といったデータをもとに評価される。こうした例はよくあることだが、新薬承認プロセスで活用される**治験で明らかになるのは、代理の結果の分布であって、実際に標的とする結果の分布ではない。**

医療関係の研究者は、代理の結果から本来の目標とする結果を推論する難しさに注意を喚起してきた。フレミングとデュメは、心臓病、癌、エイズ、骨粗鬆症などの治療薬を評価する臨床試験フェーズ3で代理の結果が広く活用されている状況を調べて、こう述べて

いる。「代理のエンドポイント（評価項目）が、フェーズ3の目指す臨床結果の十分な代替になることは稀である」[*33]（P605）

■治験の結果を政策に適用している根拠は「いつもそうしてきたから」

ＦＤＡの新薬承認プロセスは、この章の前半で検討した政府機関の予測プロセス（ＣＢＯの法案のスコアリング）よりも透明性が高い。ＦＤＡのプロセスが信頼性を明らかに重視していることは、ランダム化臨床試験のエビデンスと、観察結果の統計的な不確実性を小さくする試験規模の大きさにこだわっている点に表れている。だが、臨床試験のデータをもとに実際の新薬の有効性や安全性を推論する段階になると、社会通念上の確実性をかなり活用しているのが実情である。

そもそも医薬品承認のプロセスでは、新薬の対象になる患者の母集団の反応が、被験者の反応に近いものになるとの仮定を置いている。臨床現場での反応が、二重盲検法の下で新薬を処方したときの反応に近いものになると想定している。さらに、目標とする結果で測られる有効性が、代理の結果で測られる有効性に似たものだと想定している。こうした想定は往々にして裏付けがなく、正しいといえない場合もある。ただ、長く使われてきたことで、あたかも不可侵なものになっているのである。

■「反応は不変である」という仮定が妥当かをもっと重視すべき

ランダム化実験における推論の問題を見て見ぬふりをしているのは、FDAだけではない。ドナルド・キャンベルの有力な研究から派生した社会科学研究のパラダイムにも、そうした特徴が見受けられる。

キャンベルは、処置群の反応の研究で、**内的妥当性**と**外的妥当性**を区別した。**調査対象母集団の観察結果が信頼できる場合、その研究には内的妥当性がある**といわれる。**反応は不変であるという仮定で信頼できる推論ができる場合、外的妥当性がある**という。キャンベルはどちらの妥当性も論じたが、一義的には内的妥当性で判断すべきであり、外的妥当性はあくまで二次的なものだと主張した。[34~35]

この見方は、調査対象母集団がどんな集団であっても、観察よりも実験による調査のほうが優位であると主張するのに使われてきた。適切に行われたランダム化実験には高い内的妥当性があるというのがその理由だ。また、最善の観察研究はランダム化実験に限りなく近いものであるとの主張にも、キャンベルの見方は援用された。統計学者のポール・ローゼンバウムは次のように述べている。[36]

適切に行われた実験室の実験では、例外的なことは起きない。処置の効果がはっきりとわかる。目的は同じでも、人間の集団への処置効果を観察する観察研究では、この管理された水準には達していない。幅広い理論は、狭く、的を絞り、管理された環境でこそ試される。（P263）

ローゼンバウムもキャンベル同様、調査対象母集団を政策対象の母集団に近づけることの重要性を軽視しており、こう書いている。「母集団を代表するサンプル調査は、当該母集団を説明するのにかなり有用かもしれないが、処置効果について推定するには適していない可能性がある」（P259）

多くの研究者は、キャンベルやローゼンバウムに賛同して、政策の対象となる母集団について部分的だが信頼できる知見を獲得するよりも、調査しやすい母集団について信頼できる確実性を獲得することを好んでいる。特定の処置を実際に受けた調査対象母集団のメンバーである「処置を受けた人々（被験者）にとっての処置効果」を報告するのが一般的である。[*37〜40] ランダム化実験では被験者が処置に従わない「不遵守問題」がつきまとうが、インベンス、アングリストによる1994年の論文および、アングリスト、インベンス、ルービンによる1996年の論文は、処置の内容いかんにかかわらず処置に従う「遵守者」のサブ集団に対する処置効果を報告するよう推奨した。[*41〜42]

こうした考え方は、政府の意思決定に明らかに影響を及ぼしてきた。顕著なケースがFDAの新薬承認プロセスであり、承認決定に際し考慮されるのは臨床試験データだけである。もう1つの顕著な例が2002年教育科学改革法（公共法107－279）で、連邦の教育向上の研究に予算をつける法律である。この法律では、科学的に妥当な教育の評価について、「可能な場合はランダムな割り当てを活用した実験設計を、それができない場合は、最も強力な因果推論ができるほかの調査手法を採用すること」と規定している。「最も強力な因果推論」という記述は、内的妥当性が最も高いと解釈されていて、外的妥当性は重視されていない。

残念ながら、実験データの分析にあたっては、実験結果から推論して政策を立案することとの問題点から目をそむけがちである。たとえば、ゲロンとポーリーによる1991年の著書で取り上げられた福祉改革実験の分析[*39]は反響を呼んだが、さまざまな処置群の結果の平均値を記述しているにすぎない。**実験結果を額面どおり受け止め、その内的妥当性を受け入れ、外的妥当性を問題にしない場合にのみ、実験結果を使って政策を実施した場合の効果を予測することができる。**さもなければ、実験結果をどう解釈していいかわからず途方に暮れる。

政策選択の観点からは、内的妥当性と外的妥当性のどちらか一方を重視することは意味をなさない。重要なのは、政策立案に役立つ情報が調査にどれだけあるかということであり、これは内的妥当性と外的妥当性の両方に依存する。ゆえに**調査では、内的妥当性と外的妥当性の両方を計測する努力が求められる**のである。

1-7 「信頼できない確実性」を生む背景5 非論理的な確実性

ここまで見てきたのは、信頼性は低いが論理的には正しい研究手法だった。だが、**論理の誤りが信頼できない確実性につながることがある。**論理の誤りには、計算や代入を間違う些細なミスもあれば、もっと深刻なミス、前提からは論理的に導けない不合理な誤りもある。不合理な誤りを犯すことで偽の結論が導かれ、ひいては誤った確実性を生み出すことになる。

不合理な誤りとしてよくあるのは、とりあえず立てた仮説(帰無仮説)を統計的にテストして、仮説は棄却されず、棄却されないのは仮説が正しい証拠だと解釈してしまう場合である。統計学の教科書では、**棄却されていないからといって帰無仮説が正しいことを証明しているわけではない**と繰り返し注意を促している。仮説の誤りを示す強力な証拠がないことを示しているにすぎない。にもかかわらず、研究者は、統計的に棄却されていないことを正しい証拠だと混同することが多い。

もっと特殊な不合理の誤りが根強く残っているのが、人間の遺伝性に関する研究である。遺伝性が誤って解釈され、社会政策に影響を与えている。これを応用事例研究として取り上げよう。

■IQは「生まれ」と「育ち」のどちらで決まるのか?

19世紀後半以降、遺伝性（heritability）は常に研究テーマになり、たえず論争を巻き起こしてきた。本格的な遺伝研究に初めて着手したのはイギリス人科学者のフランシス・ゴルトンであり、「生まれ」と「育ち」の役割を区別しようとした最初の人物とされる。ゴルトンの研究から100年あまり後の1960年代から1970年代にかけて、知能指数（IQ）の遺伝性をめぐって激しい論争が巻き起こった。このテーマの論争が過熱するのは、一部の社会学者がIQの遺伝性を社会政策と結び付け、IQがほぼ遺伝で決まるのであれば、政策によって格差を是正することはできないと主張するからである。

1970年代後半の思潮を踏まえ、ゴールドバーガーは、遺伝性に関する研究を次のように的確に批評している。[*43]

全国民を見渡すと、ＩＱテストで測られる知能に大きな差があることに気づく。この差は、どの程度が遺伝によるもので、どの程度が育ちによるものなのか。ＩＱテストのスコアのばらつきのどの程度が遺伝要因により、どの程度が環境要因によるのか。この疑問は、人類、少なくともアングロ・サクソンのアメリカ人学者という種を数世代にわたって惹き付けてきた。惹き付けられるのは、その答えが社会政策にとって重要だとの認識があるからだろう。ＩＱのばらつきが主に遺伝によるのであれば、それは自然で、公正で、免れようがない。だが、ばらつきが主に環境によるのであれば、自然ではなく、公正でもなく、容易に解消できる。（Ｐ３２７）

ＩＱについてであれ、それ以外の特性についてであれ、遺伝性は社会政策にとって重要ではないとゴールドバーガーは結論付けた。その理由は追って説明する。だがまずは、遺伝性の統計で何を測り、それがどう解釈されてきたかを説明しておかねばならない。

一般の人々が使う「遺伝性」という言葉は、『オックスフォード英語辞典第2版』で定義された「遺伝される性質、遺伝できること」という大雑把な意味である。だが、正式な研究では、遺伝性という言葉は厳密で専門的な意味で使われる。端的にいえば、遺伝性の研究で目指しているのは分散の分析である。統計上の手順を以下で説明する。

人の集合について考えよう。遺伝性の研究者は、次のような等式を置く。

アウトカム（結果）＝遺伝要因＋環境要因

簡潔にｙ＝ｇ＋ｅと書くこともある。ｙは個人のアウトカム（表現型）、ｇは遺伝（genetic）要因、ｅは環境（environmental）要因の頭文字である。一般的に、母集団でｇとｅに相関性はないと想定される。だとすると、ｙの分散に対するｇの分散の比率が、ｙの遺伝性になる。遺伝性は、遺伝要因で「説明される」、あるいは遺伝要因に「よる」アウトカム（表現型）の変動が、全体のアウトカムの変動に占める割合として与えられる。

遺伝性の研究で検討される等式は、遺伝と環境が相まって人間が形成されるという現代科学で信じられている複雑なプロセスを単純に理想化したものだ。ｇとｅという変数は、それぞれ遺伝要因のすべて、環境要因のスペクトラム全体を集約したもので、それらが合わさってアウトカムを決定する。等式は、ｇとｅが相互に作用し合うのではなく、独立してアウトカムに寄与していると想定している。ｇとｅに相関性がないという想定は、遺伝的に強みを受け継いでいる人は、相対的に恵まれた家庭環境で育っている傾向があるという理に適った推論に反している。

遺伝性の研究で検討されている等式が単純なのは、おそらく、この研究の体系が始まったのは遺伝子の存在が確認されるよりはるか昔であり、遺伝子の測定は念頭になかったから、そして環境要因に関する個人データを網羅した調査が入手できなかったからだろう。こうした歴史の文脈で、gとeは、個人にとって遺伝と環境の影響度を測る観察可能な尺度にはなり得なかった。メタファーであり、仮説の要因を象徴的に示したものだったのだ。遺伝性の研究は、双子や兄弟など生物学的に関連のある親族のデータ結果に依存したり、さまざまな統計上の強い仮定に依存したりするなど、人を惑わす技術的な複雑さがあるが、これは、gとeがメタファーにすぎないにもかかわらず、研究者が遺伝性を推定できるものにしたいと強く望んだためであろう。

■遺伝要因と環境要因の重要性をどのように比較しているのか

研究者が、双子やほかの親族のアウトカムに関するデータを入手し、十分な仮定を置き、遺伝要因がアウトカムに及ぼす影響を推計し、公表するとしよう。この数字で、どんなおもしろいことがわかるのだろうか。

研究者がよく口にするのは、遺伝性は、遺伝要因と環境要因の相対的な「重要性」を計測しているということだ。顕著な例が、ヘルンシュタインとマレーの著書『ベルカーブ

（釣り鐘型）』（未邦訳）で、彼らは「貧困の決定要因として、認知能力は親の社会的・経済的地位よりも重要である」（P135）と主張している。[*44] 私はゴールドバーガーとともに、この主張や似たような主張が裏付けとしている分析を批判した。[*45]

『ベルカーブ』は、いくつかの点で従来の遺伝研究とは異なっている。顕著な違いは、ヘルンシュタインとマレーが、人口調査で得られた認知能力（g）と親の社会的・経済的環境（e）のデータについて、統計学上の標準化された尺度を使って、gとeを観察している点だ。だが、貧困というアウトカムの偏差を説明するのに遺伝要因と環境要因のどちらが重要かを評価するという点では、ほかの遺伝研究と変わらない。ヘルンシュタインとマレーやほかの著者は、アウトカム（貧困）の分散の要因として、遺伝子の違いのほうが、共通する環境の違いよりも「より重要」であると主張しているが、アウトカムの分散を分解するのに使った手順を見ると、遺伝要因（g）の分散と、環境要因（e）に占める（家族に由来する）共通部分の分散を比較して、遺伝要因の分散のほうがアウトカムの分散のより大きな要因となっているからとしている。これはトートロジーではないか。

■視力が遺伝で決まるなら、眼鏡の配布は必要ない？

遺伝性に関する研究がとりわけ議論を巻き起こしているのは、推定された遺伝要因の大きさを、仮に社会政策を実施した場合に個人の達成度がどうなるかという潜在的な反応性の指標として解釈しようとする傾向がヘルンシュタインとマレーら研究者にあるからだ。特に、推定値で遺伝要因が大きいと政策の実効性が低いことを意味すると解釈されてきた。

よく知られている例が、ゴールドバーガーによる1979年の論文である。[*43] ロンドンのタイムズ紙に掲載された遺伝と所得の相関性についての研究を取り上げ、社会政策への含意を引き出し、こう論じている。

より直近の資料として、（1977年5月13日付けの）タイムズ紙の一面に注目すると、「双子が遺伝と所得の相関性を示す」との見出しで、社会政策担当記者のネヴィル・ホジキンソンが報告している。

2000組以上の双子を調査した結果、個人の所得獲得能力を決めるうえで、遺伝要因が大きな役割を果たしていることが明らかになった。……個人の運命を決めるのは遺伝と環境でどちらが大きいか長らく論争が続いてきたが、この研究はこれまで最善の証拠になるとするイギリス人研究者もいる……この調査結果は社会政策にとって極めて重要である。というのは、「負の連鎖」を断ち切ることによって社会的な平等を実現しようとしても、政策効果は、一般的に考えられているよりもはるかに低いことを意味しているからだ。
ハンス・アイゼニック教授は、この双子の研究にいたく感心し、ホジキンソン記者に対してこう語った。「この研究は『所得と富の分配』に関する王立委員会に、仕事を打ち切ったほうがいいと伝えるものだ」(タイムズ紙、1977年5月13日)(P337)

ゴールドバーガーはアイゼニック教授の発言に言及して、こう続ける。

(有力な学者が調査研究した同じようなやり方で、視力のばらつきのほとんどが遺伝によるものだと示されれば、「眼鏡の配布に関する王立委員会」は仕事をやめたほうがいい。降雨の地域的ばらつきのほとんどが自然要因であることが示されれば、「傘の配布に関する王立委員会」も解散できる)(P337)

この文章はいかにもゴールドバーガーらしく、生真面目さと自棄気味のウィットが入り混じっているが、遺伝要因の推定値を政策と関連付けて考えることの愚かしさを示すものである。ゴールドバーガーはこう結論付けている。「遺伝要因の推定は、有意義な政策に

は役立たないと評価する」（P346）

ゴールドバーガーがこう結論付けたのは、遺伝性の研究におけるgやeが比喩的な性格を持つという理由からではない点を理解することが重要である。もっと根本的に、遺伝要因と環境要因の分散に分解してみても、政策にとって重要な結果を生み出さないという事実に基づいている。

■遺伝性の研究は政策にとって意味がない

遺伝性の研究の考えられる最善の根拠として、gとeが比喩ではなく、1人の人間の遺伝と環境について観察できる統計を集約したものだとしよう。等式y＝g＋eは、物理的法則で、遺伝と環境がどう結びついてアウトカムを決定するかを示しているとする。また、一般的な遺伝研究で想定されているのと同じく、母集団でgとeに相関性はないとする。だとすると、母集団を観察すれば、双子のデータを収集したり、曖昧な仮定を置いたりしなくても、yの遺伝性を直接計算することができる。

1つの極端なケースとして、母集団がすべてクローンで、置かれた環境がばらばらだとする。すると、gの分散はゼロになり、遺伝性はゼロであることが示唆される。もう1つの極端なケースとして、遺伝的にはばらばらな人たちが、同じ環境にいるとする。すると、

eの分散はゼロで、遺伝性が1であることが示唆される。

これが政策分析とどう関連するのか。何の関係もない。政策分析が問うのは、たとえば眼鏡を配布するといった介入を行って、個人の環境が何らかの形で変わった場合に何が起きるかである。これに関しては、遺伝性は何の情報ももたらさない。

ゴールドバーガーの眼鏡の例は、特に簡潔かつ効果的な方法で、遺伝性の研究の論理的な欠陥の核心に迫るものだが、遺伝性が政策に無関係であることを理解していたのはゴールドバーガーばかりではない。同時代の統計学者オスカー・ケンプソーンは、この問題に関する見解を次のようにまとめている。[*46]

> 結論として、IQと遺伝性の論争は、「喧々囂々、非難囂々だが、中身がない」。**介入の効果がデータに表れていないのに、介入プロセスの効果を確立できると想定するのは、およそ馬鹿げている。**（P1）

30年以上も前に、遺伝性の研究は政策にとって意味がないとの認識が広がっていたことを踏まえれば、その後も重要だと主張し続ける人がいたのは、驚くべきことであると同時に幻滅を禁じ得ない。たとえば、ヘルンシュタインとマレーは『ベルカーブ』で「遺伝性が知能を操る能力を制限する」と言及して、遺伝性の研究が政策にとって重要であると主張した（P109）。あらゆるたぐいのアウトカムに遺伝性がどう関わっているかの研究は、いまだに頻繁に発表されている。最近の研究は、明示的に政策に言及しない傾向があるが、研究で発表した遺伝性統計について、ほかの明瞭な解釈を示すわけでもない。研究は続けられているが、その理由が私にはわからない。

■「謎解き」にすぎなかった遺伝性の測定は今や「通常の科学」

100年以上にわたって、遺伝学を人間のアウトカムと結び付ける研究では、2つの問題が足枷になっていた。1つは概念上の問題、もう1つは技術上の問題である。概念上の問題は研究目的にあり、遺伝要因の大きさを推定し、その「重要性」を主張することを主な目的としたが、有意義なものにはならなかった。技術上の問題とは、遺伝子を測定する手段がなかったことだ。遺伝子の測定方法がないなかで、研究者が発奮して比喩としてのgをつくり上げたという意味において、技術上の問題が概念上の問題を生み出していた面があるかもしれない。

概念上の問題は、1970年代以降理解が進む一方で、技術上の問題はこの10年で克服されている。遺伝子検査の進歩で、個人の大規模なサンプルを収集し、特定遺伝子の発現に関するデータを集めることが可能になっている。主要な家計調査の回答者に唾液の提供を依頼し、ＤＮＡを採取するのが一般的になりつつある。

遺伝子検査によって、遺伝性研究の比喩としてのｇや、『ベルカーブ』の指標に代わり、ゲノムを直接観察できるようになり、研究者が個人の属性に関するデータを利用する際にすべての方法でゲノムのデータが使用可能になってきた。これにより遺伝子が個人のアウトカムにどう関係しているのかの研究は、謎解きから通常の科学に変化する。

たとえばキャスピらは、代表的な出生コーホート（集団）の長期データを使って、特定遺伝子の発現と個人の環境を条件とする鬱病の発生を予測する研究を行った。[*47] 著者らは、遺伝子そのものよりも、遺伝子とストレスのかかるライフイベントとの相互作用に予測力があることを見出した。測定された遺伝子を使って個人がどうなるかを予測するのは、遺伝性研究の範疇からは完全に外れている。遺伝性の研究では、ｇは観察された属性ではなく潜在変数である。さらに、伝統的な遺伝性研究では、キャスピらの研究で発見されたような遺伝と環境の相互作用は存在しないと想定されている。遺伝性の分析の出発点となるｙ＝ｇ＋ｅという等式は、ｇとｅがそれぞれに付加的にアウトカムに寄与すると想定している。さらなる議論については、マンスキーによる２０１１年の論文[*48]を参照してもらいたい。

1-8 「信頼できない確実性」を生む背景6 メディアの暴走

選挙で選ばれた議員、公務員、一般の人々が、政策分析の内容を原資料で知ることは滅多にない。学会誌や調査報告の論文は、専門的で難解な用語ばかりで素人の手には負えない。多くの人は、新たな知見を新聞、雑誌、電子媒体で知ることになる。取り上げる価値があるのはどの分析か、それをどう報道するのかを決めているジャーナリストや編集者は絶大な力を持ち、社会の見方に影響を与えている。

メディアが政策分析を取り上げる場合、真剣に貴重な情報として伝えている場合もあるが、暴走もよくあることだ。ジャーナリストや編集者が、ニュースにする価値があると判断するとき、慎重過ぎて失敗することは滅多にない。確かな事実として断定的に書いたほうが売れるというのが一般的見解のようだ。

■幼稚園教諭の価値は32万ドル？

メディアの暴走のわかりやすい例が、2010年7月28日付のニューヨーク・タイムズ紙の一面に「幼稚園教諭の価値は32万ドル」という小見出しで掲載された記事である。同紙の経済コラムニストのデヴィッド・レオンハルトが、幼稚園での経験が成人後の所得にどう影響するのかを調査した研究を取り上げている。レオンハルトはまず「幼稚園の先生やクラスメートは、その後の人生にどれだけ影響を与えているだろうか」と問いかけ、この問いの一部、少なくとも成人後の所得への影響について答えようと試みた6人の経済学者グループの最新研究に注目する。

レオンハルトは、この調査結果は「かなり衝撃的」だと特徴付けたうえで、よき教育の影響に最大の関心を向ける。著者の1人のラジ・チェティに言及して、こう書いている。

チェティ氏らは……優れた幼稚園教諭の年間の価値を32万ドルと推計している。これは、クラス全員が生涯に獲得すると期待される追加的所得の現在価値である。

レオンハルトは結論として、政策提言を行っている。

もちろん、優秀な幼稚園教諭がすぐにも32万ドルもらえるわけではない。だが、学校当局は今以上のことができる。優秀な教諭の給与を増やし、……彼らに見合った支援を行う。……現在の厳しい予算状況では、新たな政策の財源を見つけるのは難しいだろう。だが、だからこそ、乏しい予算は効果が簡単には消えない投資に振り向けるべき理由になる。

私はレオンハルトの記事をメディアの暴走だと書いたが、その理由は、この新たな研究は「まだ研究者仲間による査読審査（ピア・レビュー）の対象になっていない」との記述に示されている。実は、レオンハルトが記事を書いた時点で、この研究は、一般的に入手できるワーキング・ペーパーにもなっていなかった。公表資料としては、２０１０年7月の全米経済研究所で著者らが行ったプレゼンテーションのスライド一式しかない。[*49] スライドの最終頁では、優れた幼稚園教諭の価値は推計32万ドルと箇条書きで記されているが、計算の根拠となるデータや仮定に関する情報が不足していて、この推計がどれだけ確かなのか評価することができない。

その後、この調査は論文として発表され、[*50] データや想定を評価できるようになった。だが、レオンハルトが記事を執筆した時点では、教育経済学の研究者たちは、この最新研究の査読審査はおろか、論文を読んだり、それに反応したりする機会はなかった。にもかかわらず、レオンハルトは、研究成果を確定したものとして前面に押し出し、それを使って政策提言までしたのだ。これは間違いなく、信頼できない確実性である。主要な全国紙が、最新研究をこれほど早い段階で記事にするのは時期尚早であり、しかも一面に載せるのは奇妙というほかない。

■「ほかの研究者による査読があればＯＫ」ではない

幼稚園教諭の価値に関する２０１０年のニューヨーク・タイムズ紙の記事は、ピア・レビューが行われていない研究を先走って報じた顕著な例だが、これが特別なわけではない。たとえば、１－７節で引用した１９７７年のロンドンのタイムズ紙の遺伝性に関する記事では、未発表の論文の研究結果が紹介されている。

確立されたピア・レビュー・プロセスを経て学会内で承認されるまでメディアが取り上げることを控えれば、メディアの先走りはある程度減るだろう。だが、ジャーナリストは、**ピア・レビューさえ行われれば研究のロジックや研究の信頼性が担保されると信じるべきではない。**論文を提出したり、査読に回したりした経験があれば、ピア・レビューは人間がやることなので完全ではないことがわかる。ピア・レビュアーが客観的に評価しようと最善を尽くしたとしても、根拠薄弱な研究が承認され、説得力ある研究が拒絶されることもある。レビュアーがそのプロセスを利用して、自分自身の主張を押し付けたり、自分の気に入る結論の研究を承認したりすると、ピア・レビューの信頼性はさらに低下する。

ジャーナリストや編集者は、個人ですべての政策分析を評価するほど十分な専門知識を身に付けることなどできないのだから、どの研究をどのような枠組みで取り上げるかを決めるのが難しいのは間違いない。とはいえ、メディアの暴走を抑えるためにできる単純な行動がある。第一に、おそらくこれが最も重要だが、研究の報告書を精読し、著者が研究成果に確信を持てているのか、結果の不確実性をどう示しているかを評価することはできる。**確実だと主張する研究は、疑ってかかるべきだ。**著者が結果に不確実性があることを示している場合、具体的にどんなことを言っているかに細心の注意を払うことが肝要だ。

第二に、ジャーナリストは、著者が自身の研究について語った言葉を、全面的に信頼すべきではない。**著者とは密なつながりがない、著名な研究者の見解を求めるべき**だ。慎重なジャーナリストはすでにそうしているが、この習慣が当たり前になるべきだろう。

第2章

政策の効果を予測する

理想の世界なら、政策分析の手法が詳しくわからなくても結論を信頼できる。予測のプロセスを気にすることなく、政策効果の予測を信じられるだろう。

だが、残念なことに、第1章で見た慣行は、政策分析の専門家を安心して信頼できないことを示していた。**公務員、ジャーナリスト、市民は、どんな予測手法が使われているかを十分に理解し、公表された結果を評価できるようにならねばならない。**専門的な細かい点まではわからなくても、予測がいかに仮定とデータに依存しているのか、その考え方を理解する必要がある。

この点を念頭において、第2章と第3章ではさまざまな伝統的手法について見ていく。それらは強い結論を得るために強い仮定が使われている。その上で、私が開発した新たな予測の手法――**弱い仮定を使って、点ではなく区間を予測する手法**について説明していこう。

この第2章では、予測にかかわるさまざまな問題点を学ぶ。この章では主に、多くの応用事例で見られ、研究者の注目度が特に高い問題、比較的単純だが微妙な問題を取り上げる。抽象的には次のように説明できる。実行可能な処置Aと処置Bがある。データは、Aの処置を受ける人とBの処置を受ける人から成る集団から手に入れる。問題になるのは、全員に同じ処置を義務付ける政策を実施した場合の結果の予測である。2-1節で具体的な例を示したうえで、2-2節で系統立ててこの問題を検討していこう。

2-1 死刑制度の殺人抑止効果を予測する

死刑制度に殺人抑止効果があるのかどうか、殺人率と刑罰のデータを使った研究は昔から行われてきた。この問題が学会を越えて関心を集めたのは、1970年代に司法次官が、死刑の抑止効果に関するアイザック・アーリックの研究結果は信頼できるとして最高裁に進言したのがきっかけである。[*1] アーリックは、アメリカにおける年間の殺人件数と量刑のデータを使って、「殺人供給」関数を推定した。[*2] この関数は、殺人率を、死刑になるリスクを含めた刑罰のレベルの関数として捉えるものだ。アーリックはこう結論付けている。

> 実は、アメリカで1933〜1967年の間に死刑になった犯罪者と、それによって救われた潜在的な犠牲者の生命の平均的な比率は1対8であることが実証分析で示唆されている。（P398）

この研究結果およびこの研究が死刑制度を支持する証拠として最高裁に提出された事実は、激しい論争を巻き起こした。全米研究評議会（NRC）は、死刑制度の殺人抑止効果に関する推論の問題を徹底的に検証するため、パネルを設置した。[*3] 総括すれば、NRCの報告書は、抑止効果の実証研究にともなう難しさを明確に浮き彫りにするものだった。

根本的な難しさは、反事実の（仮想的な）政策の結果を観察できない点にある。データだけでは、死刑制度のある（ない）州が死刑制度を廃止したとき（導入したとき）、殺人率がどうなるかはわからない。そのためデータを仮定と組み合わせて仮想的な状況について推論するしかない。NRCのパネルの見解では、民主社会では通常、代替的な罰則を無作為に人に割り当てるような実験を行うことはない。したがって抑止効果に関する研究は、一般的に観察研究から得られたデータを分析することになる。入手可能なデータと組み合わせた場合、死刑制度の抑止効果を明らかにする信頼できる仮定を見つけるのは容易ではないとして、パネルは次のように結論付けている。「現時点の証拠は不十分で、死刑制度の抑止効果に関して強い結論を導くことはできない」（P62）

その後も死刑制度と抑止効果について多くの研究が行われてきたが、ごく基本的な事柄についてすら、いまだにコンセンサスを得られていない。NRCは最近、アーリック以降の研究を評価する新たな委員会を招集した。この委員会は過去30年間の膨大な研究を検証したが、結局はNRCのかつての報告の結論を繰り返すことになった。「死刑制度の殺人抑止効果に関するこれまでの研究は、死刑制度が殺人率を減らすのか増やすのか、あるいは効果がないのかについて有益な情報をもたらしていないと当委員会は結論付けた」[*4]

■死刑が違法だった年と合法になった年で州のデータを分析すると……

ほとんどの研究では、複数州の数年にわたる殺人率のデータを使って死刑制度の抑止効果の推定が行われてきた。だが、データの活用法はさまざまで、推定結果もまちまちである。

単純な設定であってもいくつもの可能性があることを示すため、私はペッパーと共同で、最高裁が死刑を合憲と判断して分水嶺となった1970年代のデータを検証した。[*5]

1972年のファーマン対ジョージア州の最高裁判決を受けて、死刑の適用は数年間停止された。一方、1976年のグレッグ対ジョージア州の判決では、一定の規準に適合する被告には死刑が適用できるとの判決が下された。

われわれは、死刑執行停止期間の最後の1年である1975年と、停止期間が終了して丸1年後の1977年の殺人率を比較して、死刑の殺人抑止効果を検証することにした。1975年時点で死刑は全米で違法だったが、1977年には合法とする州が32にのぼった。各州について、各年の殺人率と死刑が合法か否かを調べた。

表2－1は、グレッグ判決後に死刑を合法化した州と合法化しなかった州に分け、1975年と1977年の人口10万人当たりの殺人者数（殺人率）を示したものだ。合法化した州を**「処置」**州、合法化しなかった州を**「未処置」**州と呼ぶ。ワシントンDCは州と同等とみなす。全米平均を算出するにあたっては、各州を人口で加重した。1977年時点で死刑を合法化した32州の人口は全米の人口の70%を占めていた。

■殺人抑止効果を推定する3つの方法

死刑制度の殺人抑止効果に関して、表のデータを使って計算できる単純な推定方法は3通りある。第一は「**事前事後分析**」で、死刑を合法化した処置州の殺人率を1975年と

表2-1　**住民10万人あたりの年の殺人率と1977年の処置の状態**

	グループ		
年	未処置州	処置州	全州
1975	8.0	10.3	9.6
1977	6.9	9.7	8.8
全州	7.5	10.0	9.2

１９７７年で比較する。全米で死刑が非合法であった１９７５年当時、合法化前の処置州の人口10万人あたりの殺人者数は10・３だったが、死刑を合法化したあとの１９７７年には９・７になっている。事前事後分析の推定値は、１９７７年と１９７５年の殺人率の差で、（９・７−10・３）で−０・６になる。これは、処置州における死刑の平均殺人抑止効果と解釈できる。ただし、その**前提条件として、１９７５年と１９７７年の間に死刑が合法化された以外に、殺人に影響を与える要因は何も変化しなかったとする仮定が必要で**ある。事前事後分析のさらなる議論は２−４節で取り上げよう。

第二の推定方法は、１９７７年の処置州

と未処置州の比較である。死刑が合法化された処置州の殺人率が9・7であったのに対して、依然として死刑が違法な未処置州の殺人率は6・9だった。これらの殺人率の差は、(9・7－6・9)で2・8になる。この数値は、1977年時点における全米平均の死刑の殺人率への効果と解釈することができる。ただし、その**前提条件として、処置州と未処置州の住民は、死刑制度がない場合の犯罪性向が同じで、死刑制度の導入に対する反応が同じであるとする仮定が必要**である。このように仮定すれば、処置州における殺人率は未処置州が死刑制度を導入した場合に殺人率がどうなるかを、未処置州の殺人率は死刑制度が廃止された場合に殺人率がどうなるかを示しているとみることができる。このタイプの仮定のさらなる議論については、ランダム化実験の分析の仮定を検討した2－5節を参照してもらいたい。

　さらに第三の推定法として、処置州と未処置州における殺人率の短期的な変化を比較する方法がある。1975年から1977年の間に、処置州の殺人率は10・3から9・7に低下したが、同じ期間に、未処置州の殺人率は8・0から6・9に低下した。いわゆる**差の差分析**[difference-in-difference (DID)]は、これらの短期的変化の差をとる。推定値は、[(9・7－10・3)－(6・9－8・0)]で0・5になる。これは、全米の死刑制度の殺人率への効果と解釈することができる。その**前提条件として、全米で相当の同質性が見られること、**

特に殺人に関してすべての州に共通するトレンドが見られ、死刑制度の導入はすべての州で同じ効果を発揮すると仮定する必要がある。差の差分析の推定に関する詳細な議論と、それらを規定する仮定の説明については、2－4節を参照してもらいたい。

■分析次第で推論結果は真逆に

死刑制度の殺人抑止効果に関して、以上の3つの推定から引き出される実証的知見はばらばらである。事前事後分析の推定では、死刑制度の合法化で10万人あたりの殺人率が0・6低下することを示唆している。後の2つの分析は、死刑制度の合法化で殺人率は2・8ないし0・5上昇することを示唆している。死刑制度の導入で殺人率が上昇するという考え方は、刑罰が抑止効果になるとする伝統的な考え方と真っ向から対立する。ただ、死刑制度は人命軽視の表れであり、社会を残忍化し、人を殺しても構わないとの考えが広く容認されることになると主張する研究者もいる。かくして、死刑制度に殺人抑止効果があるか否かという昔ながらの二項対立の議論は、死刑制度に**残忍化効果**があるとする第三の可能性を含んだ議論へと拡大するのである。

どの推定が正しいのだろうか。仮定が正しいとすれば、それぞれの推定法は死刑が殺人に及ぼす効果を適切に測っているといえる。だが、この解釈を正当化する仮定は推定法によって異なっている。このうちの1つは正しいかもしれないし、どれも正しくないかもしれない。

2-2 政策効果予測を理解するために必要な概念

より本格的な分析に入る前に、基本的な概念をいくつか紹介しておこう。代替的な政策効果の予測について、医学用語を拝借して、**処置反応の分析**と呼ぶことにする。**処置ユニット**とも呼ばれる母集団のメンバーに適用された、あるいは適用される可能性がある政策を考える。たとえば、有罪となった犯罪者に下される判決は処置であり、犯罪者は処置ユニットの一員である。同様に、政府が課す所得税は処置である。このケースの処置ユニットは、個人、夫婦、企業など、所得税の対象となる法的主体である。

考えられる処置に対して処置ユニットに発現する結果が**処置反応**である。**処置反応の分析でよく使われるのが、反応は個体だけのものであるという単純な仮定である**。これは、個人あるいはその他の処置ユニットに発現する効果は、当人が受けた処置によってのみ変化し、母集団のほかのメンバーの処置の影響は受けないことを意味する。この仮定が成り立たないとき、処置反応には**社会的相互作用**があるといわれる。

反応は個体だけのものであるとする仮定がどれだけ信頼できるかは、状況によって変わってくる。糖尿病の治療は、治療を受けている本人にのみ効果があるというのは納得できるだろう。だが、感染症対策のワクチンに対する反応が個人的なものだと考えるのは納得できないのではないだろうか。感染症の拡大を防げることが、ワクチンを接種する重要な根拠である。あなたがワクチンを接種してくれれば、あなただけでなく、私も守られるのだ。

政策分析では、**調査対象母集団**のデータを使って、**関心対象母集団**に政策が及ぼす効果を予測する。**調査対象母集団とは政策の対象となってきたグループ**である。**関心対象母集団とは単純に効果を予測したいグループ**を指す。

研究者は、ある政策が施行されたあと、調査対象母集団のメンバーに発現した効果を観察する。次に、これらのデータを仮定と組み合わせて、その政策を関心対象母集団に適用した場合の効果を予測する。

■同じデータ分析でも「統計的推定」と「識別分析」は別物

統計的推定では、実際に政策が実施されている場合、**調査対象母集団のメンバーの標本（サンプル）のデータを使って、調査対象母集団全体の効果を予測する。識別分析では、**

調査対象母集団から推論するいくつかの型を学ぶ［監訳者注1］。たとえば、調査対象母集団では実施されなかった政策の効果を予測する。調査対象母集団で観察されたのとは異なる効果を予測する。あるいは、調査対象母集団で実施した政策が別の関心対象母集団に実施された場合の効果を予測する。

統計的推定と識別分析の違いを明確にするために、第1章の1－6節で取り上げた米連邦食品医薬品局（FDA）の新薬承認プロセスの議論を思い出してもらいたい。臨床試験に自発的に参加した被験者はランダムに治療が割り当てられる。新薬の承認を得たい製薬会社は、観察された結果を使って、新薬がプラセボ（偽薬）よりも効き目があるとする仮説と、新薬とプラセボの効き目は同等であるという仮説を対比させて検討する。この仮説の検討で行われているのは統計的推定であり、サンプル・データを使って、自発的な参加者の調査対象母集団での新薬治療効果の結論を導いている。前述した3つの型の推論――調査対象母集団から実際の患者の集団への推論、盲検治療から非盲検治療の推論、代理結果から本来の目標とする結果の推論――は、識別の問題になる。

統計的推定の問題は、政策の効果を予測する難しさの一因ではあるが、サンプルの規模を拡大すれば予測の精度は向上する。これに対して、**サンプルの規模を拡大しても、識別問題が緩和されるわけではない。**通常、予測で最も難しいのが識別の問題である。本書全体をとおして識別に焦点をあてていく。特に、事実でない仮想的な状況で結果を観察できないことに起因する基本的な識別問題を重点的に取り上げていくつもりである。

具体例として、有罪が確定した犯罪者の量刑について考えよう。ある量刑を選択する政策立案者は、代替的な量刑の下での再犯率を比較したいと考える。実際の刑に服している被験者の再犯率を観察することはできる。だが、同じ犯罪者が別の量刑を科された場合の再犯率を観察することはできない。

仮想的な状況での結果は観察できないというのは、ロジックの問題である。新たなデータの収集やよりよい計測手法によって解決できるような実務的な問題ではない。実証的推論の根本的な問題であり、観察された結果と仮想上の結果を関連付ける仮定を置くことによってのみ対処可能である。

2-3 全員が同じ処置を受けたときに母集団で何が起こるかを予測する

この章の大半で論じているのは、処置反応の分析における比較的単純な問題であり、多くの研究で注目されてきたものだ。調査対象母集団の各メンバーが、AかBのうち、どちらか1つの処置を受けるとする。現行の政策では、一部の人に処置Aを、残りの人に処置

Bを割り当てている。母集団のメンバーが、実際に受けた処置とその効果を観察する。処置反応は個人だけの反応だと仮定する。予測したいのは、全員が同じ処置を受けた場合に母集団で起こる効果、あるいは、同じような構成の別の集団で起こる効果である。

■少年犯罪の拘禁刑と再犯率の間には関係があるか

予測の問題の具体例として、マンスキーとネイギンによる1998年の論文から、ユタ州の少年犯罪の量刑と再犯率に関する分析を見ていこう。[*6] 現行の政策では、判事に裁量権があり、さまざまな量刑が科されている。拘禁のない刑を科すこともあれば(処置A)、拘禁を科すこともある(処置B)。現行の政策の代替策として、判事の裁量に代えて全員に拘禁を科す政策と、拘禁は一切科さない策の2つが考えられる。問題は、これらの代替策の下での再犯可能性の予測である。

■拘禁刑の支持派と不支持派が依って立つ理論

少年犯が実際に科された量刑と、その結果どうなったかについては豊富なデータが手に入る。だが、研究者の間では、犯罪者が別の量刑を科されていたらどうなっていたかという仮想の結果が長らく議論されてきた。特に賛否が分かれているのが、施設への収容をともなう拘禁刑と収容をともなわない刑で、どちらに相対的なメリットがあるかである。

拘禁刑を支持するのは、逸脱の「医療モデル」である。犯罪者は社会から逸脱しており、病理学の症状と捉え、処置が必要だとする。この見方では、少年司法制度が少年のニーズを把握し、国の資源を割り当てて、そのニーズを改善すべきだと考える。

非拘禁刑を支持するのは、司法制度によって効果的な処置がとられることに懐疑的な犯罪学者たちである。こうした懐疑的な見方の背景には、逸脱の「ラベリング」理論がある。すなわち、矯正を意図していたとしても、少年に逸脱者の烙印を押す（ラベリング）ことで負の連鎖が起こりかねない。施設に収容されると、本人が社会のはみ出し者だと劣等感を強め、まっとうな社会生活から外れて似たようなはみ出し者とつるむようになり、自尊心をさらに失わせる可能性がある。こうした懸念から、ラベリング理論の提唱者は、拘禁した場合、拘禁のともなわない罰則よりも再犯しやすいとする「二次的な逸脱」仮説を提唱している。

競合する医療モデル仮説と二次的な逸脱仮説の予測のどちらが正しいかを見極めるには、拘禁を科す人と、拘禁を科さない人をランダムに割り当てる実験を行えば役立つだろう。だが、刑事司法制度にかかわる実験を行うのは困難である。そのため、刑罰と再犯に関する実証研究は、観察研究に依っている。アナリストは、量刑結果のデータと、強力だが疑わしい仮定——判事は研究者にも観察できる属性に基づいてランダムに量刑を決めるとする仮定——を組み合わせている。

■仮定の置き方次第で分析結果は正反対に

ネイギンとの共同研究では、私は慎重に「段階的」分析を行い、判事がどのように量刑を決めるかについて、初めは何も仮定せず、次に信頼性が高い弱い仮定を置き、さらに信頼性が低くなるが強い仮定を置いていった。[*6] 少年犯がその後どのような人生を送ったのかのイベント・ヒストリーに関しては、ユタ州が収集した膨大なデータがある。これらのデータを活用して分析した結果、**どんな仮定を置くかで量刑制度に関する結論が変わってくる**ことが明らかになった。

まず、判事が何を基準に量刑を選択するかについて、何も仮定せず、区間予測（バウンド）を求めた。唯一仮定したのは、処置反応が個人だけの反応であることだけである。

次に、判事の量刑決定に関して、2つの代替モデルの下で得られるバウンドを提示した。1つは**結果の最適化**モデルで、判事は再犯の可能性を最小化する量刑を決定すると仮定する。もう1つは**スキミング・モデル**で、判事は犯罪者を「リスクが高い者」と「リスクが低い者」に分け、リスクが高い者にのみ施設での収容をともなう量刑を科すと仮定する。どちらのモデルも、判事の意思決定に関して、わかりやすい仮定を置いている。

最後に、**除外制約**の形でさらなる仮定を置いた。これは、犯罪者をある属性に基づいていくつかのサブ集団に分けたとき、各集団のメンバーは量刑に同じように反応すると仮定する。その上で、各集団に結果の最適化モデルが適用された場合とスキミング・モデルが適用された場合を考察する。

実証結果は、どんな仮定を置くかに決定的に依存することが明らかになった。量刑のルールあるいは反応に関して何の仮定も置かなければ、量刑決定の2つの選択肢が再犯にどんな影響を及ぼすかについて、弱い結論しか引き出すことができない。量刑の決定に関して仮定を置くと、はるかに有意な結果が得られる。

ユタ州の判事は再犯の最小化を目指して量刑を決定していると仮定する場合、実証分析では拘禁刑を科すと平均して再犯率を悪化させるとの結論になる。判事はスキミング・モデルに基づいて量刑を決定していると仮定した場合、分析結果が示唆する結論は正反対で、拘禁刑は平均して改善効果があり、再犯率は下がるという結論になる。除外制約を課した場合は、この正反対の結論が強化される。

■「区間」でなら仮定が弱くても予測を示せる――部分識別

以下では、処置反応が個人だけの反応であると仮定したごく単純な分析を紹介しよう。処置反応が個人だけのものだとすれば、現行の政策で拘禁刑を科された人の再犯率は、新たな政策で拘禁が義務付けられた場合でも変わらない。政策が変わっても、当人の受ける処置は拘禁刑で変わらず、ほかの犯罪者が受ける処置の影響を受けない。このため、処置反応は個人だけのものだと仮定すると、現行の政策では拘禁されていない犯罪者の再犯率を予測する際に不足する情報が減ることになる。現行の政策で拘禁されていない人が拘禁された場合、そのだれもが新たに罪を犯さないかもしれないし、全員が再犯に手を染めるかもしれない。

単純化のため、再犯率を「はい／いいえ」の二者択一のイベントとして計測した。こうすれば、判決後に一度でも罪を犯せば累計犯に分類され、一度も罪を犯さなければ非累計犯に分類される。次に目指すのは、拘禁が義務付けられた場合の再犯率の予測である。これをR_{MB}と表すことにする。Rは再犯率（Recidivism）、MBは、処置B（拘禁）が義務付けられている（Mandatory）ことを示す。同様に、拘禁しないこと（処置A）が義務付けられた場合の再犯率をR_{MA}と表す。

現行の政策下での結果は観察することができる。何といっても、実際に拘禁された人の実現再犯率（R_B）と、実際に拘禁されなかった人の実現再犯率（R_A）、実際に拘禁された人の割合（F_B）、実際に拘禁されなかった人の割合（F_A）がわかっている。F_AとF_Bは合計で1になる。

データと、反応は個人だけのものとする仮定から、どちらかの処置を義務付ける政策の下での再犯率R_{MB}、R_{MA}のバウンドがわかる。ここでは前者の拘禁を義務付ける場合に注目しよう。後者は同様に求めることができる。拘禁を義務付ける政策で再犯率R_{MB}が最小値をとるのは、現行の政策で拘禁されていない人が、誰も再犯しない場合である。再犯率は、実際に拘禁された人の再犯率R_Bに、こうした人が母集団に占める割合F_Bをかけたものになる。R_{MB}が最大値をとるのは、現行の政策で拘禁されていない人全員が再犯する場合である。この時の再犯率R_{MB}は、バウンドの最小値に、こうした人の割合F_Aを足したものに等しい。

要約しよう。データと、反応は個人だけのものであるとの仮定を置いたとき、R_{MB}の最小値は$R_B \times F_B$となり、最大値は$R_B \times F_B + F_A$になる。バウンドを簡潔な式にすると以下になる［監訳者注2］。

$$R_B \times F_B \leq R_{MB} \leq R_B \times F_B + F_A$$

拘禁しないことを義務付ける政策の下でのバウンドも、似たようなものになる。BをAに、AをBに置き換えると、この政策下のバウンドになる。

$$R_A \times F_A \leq R_{MA} \leq R_A \times F_A + F_B$$

これらのバウンドは、処置反応が「**部分識別**」されることを示している。つまり、**データと、反応は個人だけのものとの仮定からは、R_{MB}あるいはR_{MA}を確定することはできないが、どの程度の幅を取るのか、そのバウンドは示すことができる。**確実性を得るには、点識別に至るまでより強い仮定を置く必要がある。バウンドを狭めていって点に絞りこむために、さらなる仮定が必要だということだ。

■区間を数字で表すと……

数値で示そう。ユタ州のデータによると、有罪となった犯罪者の11％が拘禁判決を受け、そのうち再犯者は77％である。すなわち、F_B＝0・11、R_B＝0・77である。残りの89％は拘禁されない刑で、再犯の割合は59％、すなわちF_A＝0・89、R_A＝0・59である。したがってR_{MB}のバウンドの下限は0・08、バウンドの上限は0・97である。現行政策で拘禁されない犯罪者の割合は全体の89％なので、バウンドの幅は0・89である。拘禁を義務付ける政策で、これらの人たちの再犯率がどうなるかはわからない。

R_{MA}のバウンドの下限は0・53、バウンドの上限は0・64である。バウンドの幅の0・11は、現行の政策で拘禁された犯罪者の割合である。したがって、このデータから、拘禁を義務付ける政策での再犯率よりも、拘禁しないことを義務付ける政策での再犯率について、より多くの知見を得ることができる。

■確実なことがいえない状況で、どう政策を選ぶか

意思決定の問題については第Ⅱ部で学ぶが、1つのタイプについてあらかじめ見ておこう。ユタ州の州議会で、現行政策に代えて、拘禁を義務付ける政策あるいは拘禁しないことを義務付ける政策の導入を検討しているとしよう。目的は再犯率を最小化することだとコンセンサスが得られている。議員は、処置反応が個人だけのものとする仮定は信頼できるが、これ以外の仮定には説得力がないと見ているものとする。

この状況で議員は、拘禁を義務付ける政策では再犯率が0・08から0・97のレンジになり、拘禁しないことを義務付ける政策では再犯率が0・53から0・64のレンジになると予測できる。これらのバウンドを、現行の政策の下でわかっている再犯率（R_S）と比べるこ

とができる。

$R_S = R_A \times F_A + R_B \times F_B$

Sは現行（Status quo）の頭文字である。ユタ州のデータから実際のR_Sは0・61に等しい。つまり、特定の処置を義務付ける政策の下での再犯率は、どちらの処置も現行の政策の下での再犯率より低くもなれば高くもなる。議員にとって問題なのは、こうした確実なことがいえない曖昧な状況で、政策を選択しなければならないことだ。

よく見ると、現行の政策の下での再犯率が、裁判官の裁量を排除した2つの政策の下での再犯率のバウンド内にある。これは偶然ではない。R_{MB}とR_{MA}の公式をよく見ると、データの値がいくらであっても、R_Sは必ず2つのバウンド内に入ることがわかる。

この数学的な発見は、簡単に説明がつく。反事実の仮想的な再犯結果を観察しない限り、拘禁処置は再犯率に影響を及ぼさないという仮説に異議を唱えることはできない。この仮説の下では、R_S、R_{MB}、R_{MA}は、すべて同じ値になる。

これは重要で否定的な結果である。**現行の政策の結果に関するデータに、処置の反応は個人だけのものであるという仮定を組み合わせただけでは、特定の処置を義務付ける政策**

が現行の政策に比べて効果があるのかないのかを決定することはできない。政策の順位付けをするには、より強い仮定を置く必要があるのだ。

2-4 「点予測」に必要な仮定1 どの個人も処置反応が同じ

アナリストはたいてい、政策効果をバウンドではなく点で予測する。これ以降、この章全体をとおして、点予測をするために使われるさまざまな仮定を取り上げ、それらの仮定がどのように確実性をもたらすかを説明していこう。

おそらく最も初歩的なのは、異なるユニットに同じ処置を施し、反応が同じになるとする仮定だろう。つまり、別のユニットが同じ処置を受ければ、結果は同じになる。処置を受けたユニットの結果が同じであるとする仮定は、あらゆる面で同じだという意味ではなく、単に処置に対する反応が同じだということだ。

関心対象母集団のすべての処置ユニットが処置Bを受けた場合の政策効果を予測したいとする。こうしたユニットを1つ考え、調査対象母集団内に実際に処置Bを受けた同一ユニットを見つけられるとする。前者のユニットが処置Bを受ける場合の結果は、後者のユニットが実際に処置Bを受けて得られた結果と同じになると結論付けることができる。

自然科学における**対照実験**は、この論法を使っている。研究者は、処置に関するあらゆる点が同一であることを意図して、２つの標本を用意する。１つの標本に処置Ｂを施し、結果を観察する。処置に対する標本の反応は同じだと仮定すると、処置を受けた標本の観察結果は、処置を受けていない標本が処置Ｂを受けた場合と同じになる。

研究対象が人間の場合、同一の標本を用意することはできない。１人として同じではないのが人間だ。いわゆる一卵性双生児も、遺伝子的に同じなだけで、生活環境が同じなわけではない。教育であれ、医学であれ、犯罪であれ、処置に対する反応は人によって違う。処置ユニットが人ではなく地域であっても、同じようにばらつきがある。１つとして同じ市や州はない。にもかかわらず、アナリストは対照実験の論法を真似ようとする。似たように見えるユニットを突き合わせ、これらのユニットの処置に対する反応が同じだと仮定する。

■イベントの前後で比較した「事前事後分析」

一般的な分析手法の１つが、１つの処置ユニットの結果を、イベントが起きる前と後で比較する手法である。イベントが起きる前の環境は処置Ａ、イベントが起きたあとの環境は処置Ｂである。**事前事後分析**では、イベントが起きること以外は、２つの時点で処置ユニットに異なる点はないと仮定する。

2－1節では死刑制度の抑止効果を検討したが、最初に検討した予測のもとになっているのがこの論法である。思い出して欲しいが、死刑制度の合法化という処置が行われた州について、死刑が合法化される前の1975年の殺人率と、合法化されたあとの1977年の殺人率を比較していた。処置が行われた州が1975年と1977年の同一処置ユニットだと仮定すると、1975年の殺人率は、1977年に死刑が合法化されていないと仮定したときの殺人率になる。1977年の殺人率は、1975年に死刑が合法化されていたと仮定したときの殺人率になる。

事前事後分析のもう1つの例が、第1章の1－4節で取り上げた違法薬物対策に関する防衛分析研究所（IDA）の報告である。*7 IDAの分析の肝は、連邦政府による8つの主要薬物対策の導入時期と、コカイン価格の推移を並べたことにある。このデータによると、長期的に下落基調にあったコカイン価格が、1989年に突如として変調し、一時的な上方への「偏移」がときどき起きている。IDA報告の担当者は、こうした変調を8つの水際対策によるものとして次のように述べている。「価格下落率の突然の変化と一時的な上昇は、主として原産地における主要な水際対策の導入後に起きており、したがって因果関係を示している」（PP1～2）。IDAは8つの事前事後分析を行った。分析では、水際対策が導入されたことを除いて、コカイン市場に関連するあらゆることが、導入前と導入後で変わらないと仮定していた。

ＩＤＡ報告を検証したＮＲＣの委員会は、この仮定が信頼できるとは考えられなかった。委員会の報告を振り返ってみよう。[*8]

> 調査の仮定、データ、手法の大きな欠陥から、水際対策の評価の根拠として、ＩＤＡの研究結果を受け入れることはできない。たとえば、データから結論を導く際に、時系列で見たコカイン価格の指数関数的な下落基調からの逸脱はすべて水際対策によるものであり、コカイン市場に影響を与えているほかの要因は一切ないと仮定したのは大きな問題である。（P43）

■「結果のトレンドは同じ」と仮定した「差の差分析」

処置ユニットは同一であるとする仮定の変型が、処置効果の差の差を推定する多くの実証研究である。これらの研究では、処置ユニットごとに結果が異なるのは認めるが、処置ユニットの結果は違っても、結果のトレンドは同じであること、処置に対する反応は同じであることの2点を仮定している。

2－1節で示した死刑の抑止効果の第三の推定を思い出してもらいたい。死刑が合法化された州と合法化されていない州(処置州と未処置州)で、1975年と1977年の殺人率の短期的な変化を比較していた。この推定の背景には、殺人率は州、年、死刑制度の有無によって変わるとの以下のような仮定がある。

死刑制度がある場合の殺人率＝州効果＋年効果＋死刑制度の効果
死刑制度がない場合の殺人率＝州効果＋年効果

これらの等式では、州によって殺人率が違っていてもいいが、これに加える年効果ではトレンドは同じで、追加的な死刑制度効果については、どの州でもどの年度でも死刑制度に対する殺人率の反応は変わらないと仮定している。これらの等式を多少操作すると、[*5]死刑制度の効果の差の差の推定ができる。

死刑制度の効果＝(死刑制度が合法化された州の殺人率の1975年と1977年の差)
　－(死刑制度が合法化されていない州の殺人率の1975年と1977年の差)

■ファストフード業界の雇用と最低賃金の間には関係があるか

差の差分析による推定の活用例としてよく知られているのが、デヴィッド・カードとアラン・クルーガーによる分析である。[*9~10] 経済学者は以前から、最低賃金が雇用に及ぼす効果の評価に取り組んできた。カードとクルーガーは、この問いに新たな光をあてようと、ニュージャージー州と、隣り合うペンシルベニア州東部のファストフード業界の雇用について、1992年3月から1992年11月の変化を比較した。1992年3月時点で、両州の1時間あたりの最低賃金は4・25ドルで同じだった。4月になると、ニュージャージー州の最低賃金が5・05ドルに上昇した一方、ペンシルベニア州は4・25ドルで変わらなかった。

カードとクルーガーは、差の差の推定を以下のように記している。

最低賃金効果＝（ニュージャージー州の3月と11月の雇用の差）－（ペンシルベニア州の3月と11月の雇用の差）

この推定の前提として、州、月、最低賃金の水準によって雇用は変わるという仮定がある。

最低賃金が高い州の雇用＝州効果＋月効果＋最低賃金効果
最低賃金が低い州の雇用＝州効果＋月効果

これらの等式で、ニュージャージー州とペンシルベニア州で雇用の水準が異なっていてもおかしくないが、月効果では2州のトレンドが同じだと仮定し、最低賃金効果では、最低賃金に対する反応は、州が違っても月が替わっても変わらないと仮定している。

クルーガーらは、ペンシルベニア州のファストフード業界では3月から11月にかけて雇用が減ったのに対し、ニュージャージー州は減っていないことを発見し、こう結論付けた。[*9]

教科書の最低賃金モデルの主要な予測に反し……ニュージャージー州の最低賃金の上昇で、同州のファストフード業界の雇用が減ったという証拠は見当たらない。……最低賃金の上昇で雇用は増加している。(P792)

カードとクルーガーは、この調査やほかの調査の結果が、最低賃金に関する経済学の常識を覆すものだと考えた。1995年に出版した共著に、『神話と計測――最低賃金の新経済学』(未邦訳)という挑発的なタイトルをつけた。

処置に対する反応は変わらないとする仮定を正当化するため、こう述べている。

ニュージャージー州は比較的小さく、経済は隣の州と密接に関連している。ペンシルベニア州東部のファストフード店の対照群を、ニュージャージー州のファストフード店の動向と比較するのは自然である。（P773）

だが、カードらの著書を読んでも、処置に対する反応が同じであるとする仮定に確信が持てない研究者がいた。たとえば、ケナンはレビュー論文で慎重に評している。[*11]

経済書を読んだほとんどの人（そして、読んだことのない多くの人）は、この実験でどう予想すべきかわかっている。ほかの条件が変わらないのであれば、ペンシルベニア州ではなくニュージャージー州の雇用が増えるはずだ。だが、ほかの条件が不変でないとすればどうか。何といっても比較しているのが早春と初冬で、この9カ月の間にはさまざまなことが起こる可能性がある。だとすると、ニュージャージー州のファストフード業界に影響を及ぼす最低賃金以外の変化が、ペンシルベニア州における変化とほぼ同じであることを祈らなくてはいけない。そうであれば、最低賃金上昇

の効果は、ニュージャージー州の雇用の変化と、ペンシルベニア州の雇用の変化の差として表れるはずである。（P１９５８）

ケナンによれば、ニュージャージー州とペンシルベニア州の雇用の変化の比較が、対照実験の条件に近いかどうかは疑問の余地があった。

2-5 「点予測」に必要な仮定2　どのグループも処置反応の分布が同じ

処置に対する個人の反応が同じであるとする仮定には信頼性がないが、**グループの反応分布が同じだとする仮定には信頼性がある場合もある。**この考え方が**ランダム化実験**の魅力を支えている。以下で説明しよう。

処置グループとは、調査対象母集団のうち現行の政策の下で同じ処置を受ける処置ユニットの集合である。つまり、処置Aを受ける人たちが1つのグループを形成し、処置Bを受ける人たちが別のグループを形成する。一般的に、処置のメンバーは同質ではなく、処置への反応は人それぞれ異なるのが普通である。グループの反応分布は、この異質性を表したものであり、グループ内でのさまざまな反応パターンの頻度を表している。2つのグループで反応分布が同じなら、これらのグループには同一性があるといえる。

具体例：量刑と再犯率について考えてみよう。犯罪者の処置反応は、起こりうる結果のペア（拘禁しなかった場合の再犯、拘禁した場合の再犯）の比較で表される。犯罪者が再犯した場合を1、再犯しなかった場合を0としよう。だとすると、起こりうる反応パターンは、（0，0）、（0，1）、（1，0）、（1，1）の4通りである。処置に関係なく新たに罪を犯さない場合は（0，0）、処置Aでは罪を犯さないが、処置Bでは犯す場合は（0，1）といった具合になる。

犯罪者のグループの反応分布は、グループ内で各パターンが起こる頻度である。現行の政策下で、処置Aを受けるグループと処置Bを受けるグループがあり、各グループで4パターンの頻度が同じなら、2つのグループの反応分布は同じである。

重要な点として理解しておかねばならないのは、同一の反応分布を持つ処置グループは、必ずしも実現結果の分布が同じである必要はないということだ。処置Aを受けるグループの実現結果とは、この処置を受けたことによる結果である。処置Bを受けるグループの実現結果とは、この処置を受けたことによる結果である。

この点を踏まえ、処置Bを義務付ける政策の効果を予測したいとしよう。反応分布が同じという意味で、現行の政策下で処置Aを受けるグループAと処置Bを受けるグループBは同一だとする。グループAが処置Bを受けた場合の結果の分布は、グループBの実現結果と同じになる。したがって、処置Bを義務付ける政策の下での母集団の結果の分布は、現行の政策の下でグループBの実現結果の分布と同じになる。

グループが同一であるとする仮定は、ユニットが同一であるとする仮定に比べて、かなり弱い。政策効果を予測するという観点から、仮定を弱めることの対価を問うのはもっともである。答えは単純だ。ユニットが同一だと仮定すると、特定の個人が特定の処置を受けた場合の結果を予測できる。グループが同一だとする仮定で予測できるのは、特定の個人の結果ではなく、母集団の結果の分布である。

一般的には、弱い仮定でも十分事足りる。政策分析で予測したいのは、母集団の結果の分布であって、特定の個人の結果ではない。たとえば、量刑の政策に関する議論で議会が目指すのは、特定の犯人の再犯の最小化ではなく、母集団全体の再犯率の最小化だと想定した。

■「グループの処置反応が同じ」だと信じられる場合とは

処置グループが同一だと信じるべきときはいつだろうか。系統的でない方法で選択された処置の結果を観察する観察研究では、グループが同一であるとする仮定は疑わしい。たとえば、判事に裁量がある量刑制度の下で、拘禁刑を科されたグループと、拘禁刑を科されなかったグループの処置反応の分布が同じになると信じるに足る理由は見当たらない。

あるいは、2－1節で取り上げた死刑制度の殺人抑止効果の第二の推定を検討するといい。死刑が合法化された州（処置州）と非合法なままの州（未処置州）の1977年の殺人率を比較していた。この推定から、全米規模での死刑制度の殺人抑止効果を推定するには、死刑の合法化を選択した州と、選択しなかった州の住民の殺人性向が同じだと仮定しなければならない。この仮定は妥当かもしれないし、妥当ではないかもしれない。

とはいえ、グループが同一であるとする仮定は、処置反応の分析の基礎になっている。その理由は、現行の政策が処置をランダムに割り当てる古典的な実験である場合、この仮定は信頼性が高いからだ。

ランダム化実験では、被験者の母集団をランダムに2つの標本に分け、1つの標本に処置Aを、もう1つの標本には処置Bを割り当てる。「古典的」な実験とは、処置反応が個人だけの反応であり、すべての被験者が割り当てられる処置に従うと仮定した実験を指す。

これらの仮定は、統計学者のR・A・フィッシャーが、ランダム化実験に関する初期の有力な方法論研究[*12]で打ち出したもので、応用研究でも継承されている。

古典的な実験では、1つのランダムな標本が処置Aを受け、もう1つのランダムな標本が処置Bを受ける。ランダムなサンプリングの結果、どちらの処置グループも、処置反応の分布が、母集団全体の処置反応の分布に近いものになり、標本の規模が大きくなるほど、母集団の分布との類似性は高まるようになる。被験者の標本が大きい古典的実験によって形成された処置グループは同一である、あるいは少なくとも極めて似通っているとする仮定は信頼できる。

■「ランダム化実験」進展の歴史

ここでは歴史全体を振り返ることはできないが、政策分析におけるランダム化実験の活用について、いくつかの大きな進展のプロセスを見ておくことは重要だろう。アメリカでの出来事に絞って見ていこう。

治療反応を見るための**ランダム化臨床試験（RCT）**が確立したのは1950年代であり、ジョナス・ソークが開発したポリオワクチンの効果が実験で実証されたあと、RCTの活用が盛んになった。1962年には1938年食品・医薬品・化粧品法が修正され、

FDAの新薬承認プロセスで、ランダム化臨床試験の実施が義務付けられる。[*13] 医療研究者がランダム化臨床試験をいかに重視しているかは、治療反応のエビデンスの「ゴールドスタンダード（黄金律）」と呼んでいることからもうかがえる。

医学以外の分野の政策分析でランダム化実験が活用された初期の例としては、1960年代初頭に始まった就学前教育の社会実験、ペリー・プレスクール・プロジェクトがよく知られている。この実験では、ミシガン州イプシランティの貧困地帯に住む3、4歳の黒人の子供60人をランダムに選び、手厚い教育と社会サービスを施した。同じくランダムに抽出した第二のグループを対照群として、特別なサービスを供与しなかった。これらの処置群と対照群を成人以降も長期にわたって追跡調査した。

1960年代半ばから1970年代後半にかけて、ランダム化実験は、負の所得税や国民皆保険など大型の政策提言の評価に活用された。この期間に行われた多様な実験については、ハウスマンとワイズによる1985年の著書[*14]に詳しい。

1980年代には、連邦政府や主要財団が委託した職業訓練や社会福祉プログラムを評価する方法として、ランダム化実験が主流になる。職業訓練プログラムに関しては、1970年代の観察研究の結果に不満を持った労働省が、1980年代半ばに職業訓練協力法を実験主体の方法で評価するよう委託することになった。フォード財団が資金を提供し、労働力実証調査団体が実施した一連の実験は、連邦政府に影響を与え、社会保障制度改革の望ましい評価法として、実験による分析が選択されることになる。この間の実験については、マンスキーとガーフィンケルによる1992年の編集書[*15]に詳しく書かれている。

1990年代初めには、実験による評価法の権威が高まり、（父）ブッシュ政権で保健福祉省の副長官を務めたジョー・アン・バーンハートは、失業保険受給者の職業訓練プログラムの評価について、次のように書いている。[*16]

職業訓練プログラムの実験をともなわない評価法はおよそ信頼性がないことが明らかなため、職業訓練協力法および職業機会・基礎訓練プログラムの評価については、実験主体の設計にするよう、議会と政権双方が強く主張した。（同報告書補講2）

バーンハートが実験に依らない研究の信頼性の低さを槍玉にあげた背景には、観察研究では処置反応に関して信頼できる推定の根拠が得られないとする一部の社会科学者の考えがあった。バッシ、アシェンフェルター[*17]やラロンド[*18]らは、処置反応の研究はもっぱらランダム化実験の設計と分析を重視すべきだと推奨した。処置反応の分析ではランダム化実験から最良の実証データが得られるとする考え方は、エイズ予防プログラムの評価に関する

ＮＲＣの報告にもよく表れている。「うまく設計されたランダム化実験は、処置効果を推定するのに最小の仮定しか必要としない」[*19]（Ｐ１２５）

2-6 実際のところ、ランダム化実験は信頼できるのか

研究者がランダム化実験は処置反応の実証データの「ゴールドスタンダード」になるというとき、念頭に置いているのは理想的なケース、つまり（１）処置反応が個人だけの反応であり、（２）被験者全員が割り当てられる処置に従い、（３）実験から政策課題へと信頼できる推論ができるケースである。現実には、実験がこうした理想から外れるのはよくあることで、しかも大きく外れる場合が少なくない。それにはさまざまな理由がある。以下で見ていこう。

■ランダム化実験が抱える問題１　推論の妥当性

第１章で、ＦＤＡの新薬承認プロセスで生じる問題、つまり臨床試験データからの推論にともなうさまざまな問題への注意を喚起した。問題の１つは、二重盲検法の処置から臨床現場への推論という、新薬の臨床試験に特有の問題だった。だが、それ以外の問題は、

政策分析を目的としたランダム化実験でも頻繁に起きている。

第一に、**実験の被験者母集団は、往々にして政策対象の母集団とかなり違っている。**バーンハートが好ましい評価法として引き合いに出した職業訓練協力法（JTPA）の実験評価でも、教訓となる事態が起きていた。JTPAプログラムの下での処置ユニットは、失業者に訓練を提供する地方自治体である。実験設計では実施地区をランダムに選択するよう求めていた。だが、評価者には、地方自治体にやり方を押し付ける権限はない。ホッツによる1992年の論文[*20]によると、JTPAの評価者は当初、実施地区をランダムに選択しようとしたが、ランダムに選ばれた地区の同意を得られる保証がなかったことから、協力を得るために、最後は意図的に地区を選び、多額の金銭的インセンティブを与えざるを得なかった。こうした協力的な地区での処置反応の分布が、JTPAプログラムを実施した全米の地方自治体の反応分布と同じなのか、疑問を抱くのはもっともである。

第二に、**通常のランダム化実験は期間が短いため、政策が目的とする結果ではなく、代理の結果を計測せざるを得ない。**ほとんどの場合、知りたいのは長期的な結果だが、短期間の実験では、目先の影響しかわからない。たとえば、就学前教育政策を検討するにあたっては、大学進学率や職歴、犯罪歴など、成人したあとにどうなったかを知りたいのではないだろうか。だが、短期間の研究で計測できるのは、テストの点数など、子供のうちに観察できる結果である。政策を検討するにあたり、こうした代理結果から信頼できる形で長期的な結果を推論するのは、極めてハードルが高い。

第三に、**潜在的に対象となりうるすべての処置を実験で評価するのは実務上困難**である。処置反応について書かれた文献のほとんどがそうだが、この章でも、問題はAとBの2つの処置のみの比較だと想定することで、現実を著しく単純化している。現実には、対象となる処置はAからZまで、あるいはそれ以上に存在するものだ。実験の被験者のサンプルは規模が限られる。それゆえ研究者は、自分が評価したい処置のごく一部に焦点をあてているにすぎないのだ。

■ランダム化実験が抱える問題2　不遵守問題

実験の参加者は、受けた処置が割り当てられた処置と同じであれば、「割り当てられた処置を遵守する(に従う)」といわれる。**実際には、参加者に選択の余地があると、処置に従わない不遵守の事態が起こる**。FDAの新薬承認のための臨床試験について考えてみよう。被験者は薬の入った容器を渡され、処方されたスケジュールどおりに服用するよう指示される。だが、なかには指示に従わない人もいるかもしれない。

私は、遵守を仮定しない場合、一部のメンバーにしか遵守が行われない実験のデータから、特定の処置を義務付ける政策の結果について予測できるのは、区間予測であることを示した[*21]（chap7）。区間の導出は、2－3節で見た量刑と再犯率の関連における導出法に似ている。

以下では、労働市場政策に活かす目的で行われた実験を取り上げよう。

■失業対策と失業率の間には関係があるのか

イリノイ州失業保険実験は、1984〜1985年に実施された。新たな失業者をランダムに2つに分け、異なる失業対策を割り当てる。一方は従来型の失業保険であり、もう一方は、失業保険に加え、失業者が11週以内にフルタイムの職を見つけた場合に、雇用主に賃金助成金を支払う。検証したいのは、失業者がこの期間内にフルタイムの職を見つけられたかどうかである。

この時、遵守が問題になった。というのは、賃金助成金を支払う制度への参加は強制ができないからだ。実際には、失業保険に賃金助成金制度が上乗せされた対策のほうを割り当てられた被験者の32%は、実験に従わずに従来型の失業保険の受給を選択した[*22]。

実験の目的が、失業者全員に失業保険＋賃金助成金制度の対策を講じた場合の政策効果を予測することだったとしよう。政策の結果は、11週間以内に新たな職を見つけられたか否かの2つに1つである。この実験では、失業保険に賃金助成金制度を追加する措置の割り当てに従った68%の被験者の結果が明らかになっている。従わなかった32%の被験者がもし従っていた場合の結果はわからない。したがって、不遵守の性質に関わる仮定をしない場合、職探しに成功する確率を実験データから予測すると、0・32の幅を持つ区間予測になる。

一部のメンバーしか遵守しない実験の分析をする研究者は、処置反応に関して区間予測ではなく点予測をすることが多い。そのために、不遵守の性質について仮定を置く研究者もいる。特定の処置を義務付ける政策の結果の予測を目的としない研究者もいる。それぞれのケースの代表的な例を見ていこう。

■遵守した人としない人の反応は同じなのか

割り当てた処置について、どの被験者が遵守し、どの被験者が遵守しないかがわかっているとしよう。イリノイ州の失業保険の実験では、これがわかっていた。失業者1人ひとりが、2種類の失業保険から1つを選択して申し込むことになっていたからだ。ランダム化臨床試験では、誰が遵守するかしないかはわからないのだろうか。被験者が割り当てられた処置を自己管理（たとえば薬を自己投与）し、みずからの行動を正確に報告しない可能性がある。

遵守を観察する研究者は、処置反応の分布が同じだという意味で、遵守するグループと、不遵守のグループは同一であると仮定することが多い。となれば、遵守はランダムなものだといえる。この仮定を前提にすると、特定の処置を遵守した被験者の実現結果の分布と、この処置を集団全体に実施した場合の潜在的な結果の分布は同じになる。

問題は、この仮定の信頼性である。ふつうなら、遵守するかどうかは選択できる。だとすれば、**遵守を選択した人と遵守を選択しなかった人の処置反応の分布は異なると考えられる十分な理由がある**ということだ。

イリノイ州の失業保険の実験では、失業者が賃金助成金を不名誉なことと見ていた可能性が示唆されている。このため、賃金助成金を割り当てられた被験者のうち、助成金なしでも仕事が見つかると思った人たちは、見つからないかもしれないと思った人たちに比べて、助成金の割り当てに従わなかった確率が高かったと考えられる。ランダム化臨床試験では、健康状態の改善が見られない被験者は、改善が見られた被験者に比べて、割り当てられた治療に従う確率が低いと考えるのは妥当といえる。

■「処置を受けたらどうなるか」ではなく「処置を提供されたらどうなるか」

特定の処置を義務付ける政策の結果を予測するのではなく、不遵守が論理的に不可能になるように研究目的を設定して予測しようとする研究がある。

以下のような、よくある状況について考えてみよう。Aは集団の誰にでも手に入る現行の処置であり、Bは割り当てられた実験の被験者にだけ手に入る新たな処置である。研究では、処置Bを義務付ける政策の結果を予測するのではなく、Bを選択肢として提示する政策の結果を予測しようとする。その時、Bをランダムに割り振るが、Bを義務付けているのではなく、あくまでBを提供しているのだと解釈する。これで、不遵守は論理的に不可能になる。**処置意図**（治療意図）という用語は、処置（治療）を提供しているという意味で使われている。

処置Bを受けるグループを、Bが義務付けられているのではなく、Bの提供を受けているとみることは、当初の予測の問題を解決するわけではなく、研究目的を定義しなおすことにより、問題を脇に置いているだけである。当初の研究目的は、全員が実際に処置Bを受けたときの結果を予測することだった。改定された研究目的は、同意するにせよ拒否するにせよ、全員が処置Bの提供を受けた場合の結果を予測することである。

具体例として、もう一度、イリノイ州の失業保険の実験について考えよう。ウッドベリとスピーゲルマンによる1987年の論文[*23]は、この実験を、従来の失業保険か失業保険＋賃金助成金の提供かをランダムに割り当てるものだとみなすことで、従来の失業保険か失業保険＋賃金助成金かを失業者が選択できると説明している。そのため遵守の問題を懸念することなく、古典的な手法で実験データを分析した。対照的なのがドゥビンとリバーズによる1993年の論文[*22]で、前述のように、不遵守の問題をかなり重視した。

ウッドベリとスピーゲルマンの研究結果は、ドゥビンとリバーズとは違ったものになったが、著者の研究目的が異なっていたことも一因である。ウッドベリとスピーゲルマンが目指したのは、従来の失業保険か賃金助成金を付加した保険かを失業者が選択できる場合の結果の予測である。ドゥビンとリバーズが目指したのは、従来型の失業保険に代わって失業保険＋賃金助成金が導入された場合の結果の予測だった。

■ランダム化実験が抱える問題3　混合問題

実験ではある処置を提供するが、政策ではその処置を義務付ける場合、不遵守問題が生じる。逆に、**ランダム化実験ではある処置を義務付けるが、政策では処置の選択を認める場合に生じるのが混合問題**である。

私はこの混合問題を定義し、掘り下げた。[*24] 具体例として、就学前政策の結果の予測にかかわる問題を検討した。この例を使って、問題の性格を説明しよう。

■就学前教育を子供に提供すると、高校卒業率はどう変化するか

就学前教育政策のランダム化実験の目的は、処置群がプロジェクトに参加し、対照群が参加しない場合の結果の予測である。通常、割り当てた処置は完全に遵守されるとの前提で、古典的な実験の遂行を目指す。実験がうまくいけば、処置群と対照群を観察することによって、就学前教育が義務付けられた場合と、就学前教育という選択肢がない場合の結果が明らかになる。

就学前教育を提供するが、子供を参加させるのは義務ではない政策を考えよう。実験では、この政策下での結果の一部が明らかになるにすぎない。結果は、プログラムの参加率、2つの処置に対する反応分布、実験で明らかにならない数量に依存する。混合問題に関する私の研究は、この実験で何がわかるのかを明らかにした。

具体的な数字を示すため、ペリー・プレスクール・プロジェクトの被験者を母集団と捉え、プロジェクトを古典的なランダム化実験と解釈した。この実験で高校卒業率を見ると、処置群が0・67、対照群は0・49だった。このデータが明らかにしているのは、就学前教育が義務付けられた場合と、そのような選択肢がない場合の結果である。だが、就学前教

育という選択肢は与えられるが、義務ではない場合の高校卒業率はわからない。

■選択肢を提供した場合の高校卒業率は区間予測

就学前教育が義務ではなく選択肢であった場合の高校卒業率は、0・49と0・67の間のどこかになるはずで、正確にはプログラムの参加率によって決まると思うかもしれない。この結論が正しいのは、就学前教育を受けさせることが、受けさせない場合より子供を悪くしない場合、あるいは、子供に就学前教育を受けさせるかどうか、親がランダムに決めている場合である。だが、どちらの仮定も信頼できないとしよう。私の分析では、親がどのような行動をとるかわからない場合、就学前教育が義務ではなく選択肢であった場合の卒業率は0・16と1の間のどこかになるとしかいえないことを示した。

親が子供の高校卒業率の見通しを最大化しようとするとすれば、両極端の結果が起こりうる。卒業率が最高の1の値をとるのは、親が処置反応を完全にわかっている場合である。卒業率が最低の0・16をとるのは、親が処置反応を完全に見誤り、結果として、一律に自分たちの子供のために間違った決定をする場合である。

この結果を理解するために、古典的な実験データで明らかになること、ならないことを明確にしておく必要がある。第一に、就学前教育を義務付ける(あるいは禁止する)古典的実験では、義務ではなく選択肢として就学前教育を提示された場合に親がとる行動は明らかにならない。第二に、実験では、処置反応の分布を部分識別できるにすぎない。

処置反応について実験で何が明らかになるのだろうか。正確に理解するために、子供1人ひとりに2通りの高校卒業の見通し（就学前教育を受けなかった場合の卒業、就学前教育を受けた場合の卒業）があると考える。結果について、高校を卒業する場合を1、卒業しなければ0としよう。となると、反応パターンは、（0，0）、（0，1）、（1，0）、（1，1）の4通りがあり得る。処置に関係なく卒業しない場合の反応は（0，0）、処置Aでは卒業しないが処置Bでは卒業する場合の反応は（0，1）……というように考える。

F（0，0）は、反応パターン（0，0）の子供の割合、F（0，1）は、反応パターン（0，1）の割合とする。ペリー・プレスクール・プロジェクトの処置群の結果の観察からわかるのは、就学前教育を義務付けたときの高校卒業率が0・67ということである。これは、F（0，1）とF（1，1）を足すと0・67になることを意味している。一方、F（0，0）とF（1，0）を足すと0・33になる。

対照群の結果の観察からわかるのは、就学前教育を受けなかった場合の高校卒業率が0・49だということだ。これはF（1，0）とF（1，1）の合計が0・49であることを意味する。一方、F（0，0）とF（0，1）の合計は0・51になる。以上の情報を等式にまとめると、実験では以下のことが明らかになる。

F(0, 1)+F(1, 1)=0・67　F(0, 0)+F(1, 0)=0・33
F(1, 0)+F(1, 1)=0・49　F(0, 0)+F(0, 1)=0・51

反応パターンが(1, 1)の子供は、処置に関係なく高校を卒業する。反応パターンが(0, 0)の子供は、処置に関係なく高校を卒業しない。処置が影響を与えるのは、(0, 1)と(1, 0)のパターンの子供だけである。後者の(0, 1)と(1, 0)のパターンの子供の割合が大きいほど、潜在的な処置の選択が高校卒業率に与える影響が大きくなる。

実験データと矛盾しないあらゆる度数分布のなかで、F(0, 1)とF(1, 0)の割合が最大となる度数分布は以下のとおりである。

F(0, 0)=0　F(1, 0)=0・33
F(0, 1)=0・51　F(1, 1)=0・16

この処置反応の分布を前提にすると、卒業率が最大になるのは、反応パターン(0,

1)の子供の親が就学前教育を受けさせることを選択し、反応パターン(1, 0)の子供の親が就学前教育を受けさせないことを選択した場合である。つまり、親は常に子供の高校卒業率が最大化するよう行動する。卒業率は100%になる。

対極として、卒業率が最小になるのは、反応パターンが(0, 1)の子供の親が就学前教育を受けさせないことを選択し、反応パターン(1, 0)の子供の親が就学前教育を受けさせる場合である。つまり、選好によってであれ、処置反応の誤解によってであれ、親は常に子供の卒業率が最小になるよう行動する。卒業率は16%で、このケースで高校を卒業するのは、反応パターンが(1, 1)の子供だけである。

■ランダム化実験が抱える問題4　社会的相互作用

処置反応の分析では、**反応は個体ごとであるとの仮定が浸透しているが、その仮定が現実に即しているかどうかはおおいに疑問**である。前に、反応が個体ごとではない顕著な例として、感染症予防のワクチンを引用した。さまざまな政策課題を議論する際にも、相互作用が生じている可能性を指摘できる。

たとえば、失業者の職探しを支援するプログラムは、このプログラムに参加した人だけではなく、参加しなかった人の雇用にも影響を及ぼす可能性がある。その社会的メカニズムは、労働市場における競争である。経済学者は雇用を、労働力を供給する労働者と、雇用機会を提供する雇用主との相互作用の結果とみなす。職業訓練プログラムや、イリノイ州の賃金助成金などの処置が奏功し、プログラムに参加した労働者が雇用主にとって魅力的になったとしよう。だとすると、プログラム参加者のほうが、参加しなかった労働者よりも職につける可能性が高く、参加しなかった人が雇用される確率は下がったと予想するのは理に適っている。

■「包括的な相互作用」を実験で予測するのは不可能

社会的相互作用を考慮に入れた処置反応の分析は、複雑なテーマである。人と人の相互作用は何通りもある。研究者は、こうした相互作用について、いくつもの仮定を置いている。ここでは、相互作用には**局所的な相互作用**と**包括的な相互作用**があり、峻別が重要であると指摘するにとどめておこう。**ランダム化実験で識別できるのは、局所的な処置反応であり、包括的な処置反応ではない。**

処置をランダムに割り当てる実験を支持する古典的な議論では、処置は大きな母集団のなかの個体に対して実施されると仮定している。だが、母集団を構成する「個」の性格を規定しているわけではない。ここまで私が取り上げてきた政策では、処置ユニットは人である。ランダム化実験を支持する議論が同じように適用できるのは、母集団がいくつもの対称的な参照グループ（準拠集団）に分けられる場合である。ここでの対称性は、各グループのメンバー同士に相互作用があるが、ほかのグループのメンバーとは相互作用がないという意味である。参照グループは、世帯やクラス、近隣住民といった単位が考えられる。これらをはじめ同様のケースのそれぞれで、処置ユニットを参照グループと、政策問題を参照グループの処置選択と定義して、参照グループにランダムに処置を割り当てることによって、処置反応を識別することができる。このタイプの相互作用は局所的である。

社会的相互作用が包括的であるのは、集団のすべてのメンバーが相互に作用し合う可能性がある場合である。つまり、母集団は単一の参照グループから成る。相互作用が包括的であるとき、ランダム化実験では予測することはできない。ランダム化であれ、それ以外の方法であれ、処置を割り当てるプロセスでは、母集団に対して実現される処置の集合は1つである。

相互作用の性質を限定する情報や知識がなければ、仮想的な処置の集合の下での結果を予測するのは不可能である。原理的には、たった1人が受ける処置を変えることで、集団のメンバー全員の結果を任意に変えることができる。

■実験データから「区間予測」をするなら信頼できる

前述の理由などから、**実際のランダム化実験は、「ゴールドスタンダード」という言葉で象徴される理想とは程遠い。**まっとうな研究者は、このことを以前から認識していた。第1章では内的妥当性を外的妥当性よりも優位に置いたとしてドナルド・キャンベルを批判したが、実際の実験でぶつかる問題の多くをキャンベルが認識していた点は明確にしておくべきだろう。キャンベルとスタンレーによる1963年の著書[*25]は、プログラム評価に関心のある多くの社会科学者にとって聖書のような文献だが、実験の「妥当性を損なうさまざまな要因」を論じている。

経済学の文献では、1970年代から80年代の負の所得税や社会保障実験のデータを分析する際に、推論と遵守が大きな関心事であった。ハウスマンとワイズによる1985年の編集書[*14]に所収されている論文の著者の多くや、マンスキーとガーフィンケルによる1992年の編集書[*15]は、政策効果の信頼できる予測を提示しようとするのであれば、こうした課題に向き合わなければならないと結論付けている。

では、実際のランダム化実験で、信頼できる形で明らかにされるのは何だろうか。実験を喧伝するアナリストのなかには、実験を慎重に設計すべきだという陳腐な決まり文句以上のことを言わない人もいる。社会プログラムの実験評価の多くは、実験結果から政策を推論する際に生ずる問題に沈黙している。その顕著な例が、第1章でも言及したゲロンとポーリーによる1991年の著書[*26]での福祉改革実験の有力な分析である。

実験が古典的な理想に沿っていないことを公に認め、こうした状況での推定を学ぶほうが建設的だと私は考える。**実験で、政策効果に関する信頼できる確実性が得られないとしても、信頼できる区間予測はできる。**この節の最初に見た遵守や混合問題についての私の分析は、信頼できる区間予測の可能性を示している。

2-7 観察研究における政策効果予測

同一の処置グループという仮定を紹介した際、観察研究ではこの仮定は怪しいと書いた。にもかかわらず、観察研究では、意図的に処置を選択することによって形成された処置グループは同一の反応分布を持つと仮定されていることが多い。

完全な処置グループの反応分布は同一であるとの仮定に居心地が悪いアナリストは、母集団を、**共変量**と一般的に呼ばれる共通の属性を持つグループに分けることが多い。次に、共変量は同じだが、異なる処置を受けるグループについて、処置反応分布が同じだと仮定する。事実上、結果のデータは、一連の共変量に限定したランダム化実験により得られたと解釈する。

特定のグループ内に処置がランダムに割り当てられたとの仮定を強固にするために、研究者は母集団を同じ共変量を持つグループに分けることで、処置の選択を「コントロールしている」と言うことが多い。

だが、「コントロール」という表現で、何を念頭に置いているのかは説明しない。おそらく観察された属性が同じ人たちは同一の標本と考えるのだろう。自然科学の対照実験においてそうであるように。だが、ほんとうに同一なら、同じ共変量を持ち、同じ処置を受けた人全員に、同じ結果が発現するはずである。実際には、そうしたことは起きない。当然、ばらばらな結果を観察することになる。

残念ながら、グループ内でのランダムな割り当てを仮定するのが正しいとする説は、共変量が処置の選択を「コントロールする」という曖昧な言説に勝ることは滅多にない。たとえば、犯罪者の量刑を考えてみよう。研究ではたいてい、犯罪者を性別、年齢、人種、過去の犯罪歴などでグループに分ける。そして、司法による処置の選択は各グループ内でランダムに行われるとの仮定を置いているが、その仮定を裏付けるための司法の行動について説明しているわけではない。

判事が量刑判断の基準にしているのは、証人の証言から犯罪者の態度に至るまで、一般的にアナリストが観察していない属性かもしれない。処置反応の分布は、こうした属性によって変わってくる。そうだとするなら、アナリストが観察する属性で定義したグループ内で、処置の選択がランダムに行われると考えるもっともな理由は存在しないことになる。スミスとパテルノストロによる1990年の論文[*27]は、この点について犯罪学者にこう警告している。

罪を犯すリスクの高い若者は、厳しい処分を受ける可能性が高い。つまり、より厳しい処罰が割り当てられた個人は、少年裁判所の処分と将来の犯罪の間に関係があるかないかにかかわらず、新たな罪を犯す可能性が高い。(PP1111~2)

さらに、司法による処置の選択は、研究者が一般的に観察できる共変量が同じであるグループ内ではランダムであるとする仮定は信憑性がないと主張している。

■処置の選択の結果、同一のグループは生まれない

政策分析に関心のある科学コミュニティ内部で、意図的な処置の選択によって同一の処置グループができるという仮定に特に懐疑的なのが経済学者である。一般的に経済学者は、

選択を合理的な活動だとみており、意思決定者は代替的な行動のメリットを比較考量したうえで、最も有望そうなものを選択すると考える。こうした基本的な考え方をあてはめ、意思決定者はまず代替的な処置の結果を予測しようとし、その上で予測結果が最もよい処置を選択すると仮定する。

処置を選択する意思決定者にとって関心のある結果と、政策分析の対象になる結果は、ある程度重なり合っていると考えるのは理に適っている。しかも、意思決定者がある程度結果を予測できるとすれば、処置の選択の結果、同一のグループは生まれないと考えるのがふつうである。処置Aを受けるグループの処置反応の分布と、処置Bを受けるグループの処置反応の分布は異なるものになるだろう。この現象は**選択バイアス**と呼ばれることがある。

■「経済学の特に重要なモデルの1つ」

以下の2つの仮定を置く経済モデルでは、選択バイアスが顕著に表れる。第一の仮定は、調査対象母集団の意思決定者は、政策分析で対象とする結果を最大化する処置の選択を目指しているとする。第二の仮定は、こうした意思決定者はどんな処置反応になるのか完全にわかっているとする。この仮定は、**完全予見**と呼ばれる。ヘックマンとテーバーは

2008年の著書で、完全予見を前提にした結果の最適化は、「経済学の特に重要なモデルの1つ」だと述べている。[*28] 早い段階で職業選択と賃金の研究にこのモデルを適用したイギリス人経済学者のA・D・ロイにちなんで、ロイ・モデルと呼ばれる。[*29]

例として、医学の治療の選択について考えよう。意思決定者は内科医とする。医師や社会が共通して関心のある結果は、患者の余命ではないだろうか。この時、完全予見を前提にした結果の最適化では、代替的な治療の生存率がわかっていて、余命が最も長くなる治療を選択するものと仮定する。

犯罪者の量刑選択ではどうか。意思決定者は裁判官である。裁判官と社会が共通して関心を持つ結果は、再犯率ではないだろうか。完全予見を前提とした結果の最適化では、裁判官が代替的な量刑を科したらどうなるかわかっていて、将来の犯罪を最小化する量刑を選んでいることを前提にしている。

完全予見による結果の最適化モデルの仮定は強すぎるので、私は現実の処置選択の説明としては真剣に受け止めていない。調査対象母集団の処置を選択する意思決定者に関心のある結果が、政策対象として関心のある結果と同じだと仮定することが、理に適っていることも時にはあるだろう。だが、こうした**意思決定者が処置反応を完全に予見できるとはおよそ考えにくい**。政策分析担当者が、部分的に予見することすら難しいのだから。

とはいえ、完全予見の最適化モデルは、どのように選択バイアスが生じるかを教えてくれる点では有意義である。いずれにせよ、完全予見の結果最適化モデルは、処置Aを受けるユニットのグループと処置Bを受けるユニットのグループでは、処置反応の分布が異なっていることを示唆している。処置Aを受けるグループ内では、AのほうがBよりよい結果になる。対称的に、処置Bを受けるグループ内では、BのほうがAよりよい結果になる。

■グループ同士の処置反応が類似していると仮定してよいケース――回帰不連続分析

観察された共変量に基づき処置選択がランダムに行われていると仮定する最善のケースは、制度的プロセスにより、観察された共変量だけを使って、処置が割り当てられていることが知られている状況であろう。だとすると、**似たような共変量を持ちながら、異なる処置を受けるグループは、処置反応の分布が類似したものになると仮定しても差し支えないことがある。**

この考え方を紹介したのが、シスルスウェイトとキャンベルによる1960年の論文[*30]で、似ていると判断された高校生の2つのグループに異なる処置を施した結果を比較した。2つのグループのメンバーは、いずれも奨学金の取得を争う全国試験で優秀な成績を収めていた。一方のグループの生徒には、表彰状を送る形で公に知らせる。もう一方のグループの生徒には、個人的に手紙を送る形で、公には知らせない。表彰状を送るか、手紙を送るかは、標準テストの成績をもとに事務局が決める。一定基準を上回った生徒には表彰状を送り、基準を若干下回った生徒には手紙を送る。

シスルスウェイトとキャンベルは、基準に近い成績の生徒から成る2つのグループに注目した。成績が基準をわずかに上回る生徒のグループは、表彰状を受け取っていた。成績が基準をわずかに下回る生徒のグループは、手紙を受け取っている。著者は、2つのグループの構成はほぼ同じだと判断した。基準値を若干上回っているか下回っているかは、テスト成績のランダムな誤差を反映したものであり、生徒の質の根本的な違いを反映したものではないと理屈付けた。これを前提に、処置がランダムに割り当てられたものとして、2つの処置群の結果を分析した。

著者は自分たちの考え方を評して、**回帰不連続分析**という用語を使った。回帰不連続分析とは、以下のようなものだ。アナリストが結果(アウトカム)のテスト成績への回帰式を推定するとき、彼らは通常、その結果はテスト成績に対してスムーズに変化すると期待する(結果のテスト成績への回帰式は、異なる成績のグループで結果の平均がどう変わるかを計測する)。だが、成績の一定基準を使って処置を割り当てると、基準の上か下かで受ける処置が異なるため、結果が不連続になると考えられる。この不連続の大きさが、ほかの処置を受けるときに比べて、その処置を受けたときの平均効果になる。

これ以降、回帰不連続分析は、さまざまな教育プログラムをはじめ、制度上のルールで処置を決定する際の評価分析に活用されてきた。たとえば、アングリストとクルーガーによる1991年の論文[*31]では、義務教育の年数が異なる場合、子供がどうなるかを研究している。論文の要旨で、分析を次のように説明している。

> 就学開始年齢政策と就学義務法により、生まれた時期は、学業の達成度と関連すると考える。年初に生まれた子供は、年末近くに生まれた子供より、年長で就学し、短い就学期間で退学できる。（P979）

ここでの処置は、子供が義務教育を受ける年数である。処置を決定する観察された共変量は誕生日である。処置を決定する基準は誕生日が基準日（多くの州で1月1日）より前か後かで、義務教育がいつ始まるかを決めるのに使われる。基準日直前に生まれた子供は、基準日直後に生まれた子供に比べて、1年近く長い就学を義務付けられていることになる［監訳者注3］。正確な誕生日がランダムであることを前提に、あたかも子供に異なった義務教育の年数をランダムに割り当てたとして、著者は基準日の前後に生まれた子供の就学年数と賃金を分析した。

この例や、制度的プロセスで処置が決まる観察可能な例について、研究者は回帰不連続分析の信頼性が高いと判断している。**重要な限界は、予測できるのは特定の政策の結果だけであり、特定の共変量のグループについてのみの予測である点**だ。シスルスウェイトとキャンベルが比較できたのは、表彰状か手紙を受け取った生徒の結果であり、テストで基準に近い点数を取った生徒だけである。アングリストとクルーガーが比較できたのは、義務教育年数が1年違う子供の結果だけであり、その上で誕生日が基準日に近い子供だけである。

2-8 経済学者が根拠なく置きがちな仮定とは

2－7節では、処置の選択を合理的な活動とみなす経済学的見解は、調査対象母集団における処置の選択が、観察された共変量で条件付けた場合にランダムになることに、度々、疑問を呈していると指摘した。したがって、観察研究を行っている経済学者は、さぞかし政策効果の予測を慎重に行っているだろうと思うかもしれない。だが、現実はそうではない。**経済学者は、少なくともほかの政策アナリストと同じ程度に、おそらくはそれ以上に、信頼できない確実性にさらされやすい。**同一の処置グループという仮定を課さずに政策効果を予測するために経済学者が開発したのが、処置の選択と処置の反応を関連付ける「**選択モデル**」である。

選択モデルの原型では、完全予見による結果の最適化を前提にしている。前に述べたように、このモデルは強い仮定を置いているので、現実の処置の選択を説明するものとしては扱えない。だが、このように強い仮定を置いているモデルであるにもかかわらず、政策効果を点で予測することができないと聞くと意外に思うかもしれない。

■「完全予見性」と「結果の最適化」を仮定したときの区間予測

推論やモデルで何ができるのかを明らかにするために、再び、マンスキーとネイギンによる1998年の論文[*6]におけるユタ州の犯罪者の量刑と再犯率の分析を見てみよう。2−3節で量刑と再犯率を検討した際、裁判官がどのように量刑を決めているかについては、何も仮定しなかった。今回は、裁判官に将来を見通せる完全予見性があり、再犯率を最小化する量刑を選択すると仮定しよう。

前回と同様、すべての犯罪者が処置B（拘禁）を科された場合の結果の予測を考えよう。

問題は、実際には処置A（非拘禁）が科された犯罪者については、Bが科された場合にどうなっていたかは観察できない点だ。こうした仮想的な状況の結果については、何も言うことができなかった。完全予見による結果の最適化を仮定すると、仮想的な状況の結果について部分的な結論を引き出すことができ得る。具体的には、仮想的な状況の再犯率の結果が、観察された結果よりよくなることはあり得ないという結論である。というのは、処置Bの結果が処置Aの結果よりもよいのであれば、裁判官はAではなくBを選択していたと考えられるからだ。

この論理から、Bを義務付けた場合の再犯率R_{MB}の下限は、2－3節で導出したものより狭くなる。前回の下限は、$R_B \times F_B$だった。今回、現行の政策の下で観察された再犯率は、$R_A \times F_A + R_B \times F_B$である。結果最適化モデルでは、再犯率の上限について追加的情報はない。したがって、再犯率のバウンドは以下になる。

$$R_A \times F_A + R_B \times F_B \leqq R_{MB} \leqq R_B \times F_B + F_A$$

数値では、前の下限は0・08だったが、今回は0・61になる。上限は0・97で変わらない［監訳者注4］。

■点予測をするためのさらなる強い仮定

上記のモデル導出から、完全予見性をもとに結果を最適化するとの仮定を置くと、政策効果に関する予測能力は向上するが、点で予測できるほどではないことがわかる。にもかかわらず、経済学者がこのモデルを使って点予測を発表している。どのようにしているのか。

確実性を得るため、経済学者はモデルに**分布の仮定**を取り入れる。1970年代、計量経済学者は、一定の分布の仮定を課すことで、特定の処置を義務付ける政策下で起こり得る結果を完全に決定できることを示した。また、分布の仮定が十分に強いことを前提にすれば、完全予見による結果の最適化の仮定をある程度弱めても、確実性のある予測をすることは引き続き可能であることも示した。点予測を得るために使われる正式な理論には、直観的な説明はないので、ここで説明するつもりはない。計量経済学や統計学の十分な素養のある読者で、興味のある方は、マダラによる1983年の著書[*32]（モノグラフ）を読めば、専門的な解説が明確に記されている。

多くの経済学者は、選択モデルを使って政策効果の予測を続けており、特に特定のモデルの予測に、コンピューターを使って単純な「2段階」法をあてはめることが一般的になっている。[*33~34] だが、この手法で処置反応を分析することについては、以前から論争が続いてきた。信頼性を著しく欠いているのがその理由だ。

従来の2段階の手法は、処置反応の「**正規線形モデル**」を仮定している。ここでは、処置Aと処置Bの結果変数は連続変数であり、特定の共変量を持つ人の結果変数の度数分布が正規分布の形状になると仮定されている。異なる共変量を持つ人の反応の平均値は、共変量の関数として線形に変化する一方、反応の分散は共変量とともに変化しないと仮定されている。

これらは技術的に使い勝手のいい仮定で、点予測を可能にするものだが、正当な根拠に著しく欠けている。それゆえ**正規線形モデルの信頼性を疑問視し、このモデルを使った分析に不信感を持つ研究者が少なくない**のは当然である。正規線形モデルへの批判が際立っているのは、前に引用したバッシとアシェンフェルターによる1986年の論文[*17]とラロンドによる1986年の論文[*18]で、処置反応の研究はランダム化実験の設計と分析に的を絞るべきとの推奨に表れている。

第3章

新しい政策に対する人々の行動を予測する

この章では引き続き政策効果の予測を学んでいくが、第2章よりも複雑な問題を扱う。なんらかの処置を義務付ける政策の効果を予測する点は同じだが、義務付けられた処置を誰も受けたことがない母集団のデータを予測に使う点が難しいところだ。たとえば、少年犯罪の量刑と再犯率の相関関係を考えるとき、手元のデータは拘禁刑のない政策下のものだが、全員に拘禁刑を科す政策の効果を予測したい。つまり、これまでにない処置をとった場合の効果を予測するわけだ。

第2章では、2つの同一反応の仮定を学んだ。同一の処置ユニットや同一の処置グループでは、新たな処置の効果を予測できない。**母集団の全員が同じ処置を受ける場合、これらの仮定は、誰かが別の処置を受けた場合にどうなるかについて、何も明らかにしていない。**では、どう進めればいいのか。

第2章で使われなかった大きな考え方に、個人が処置にどう反応するかに関する仮定がある。こうした仮定と母集団の観察結果を合わせることで、新たな処置を課した場合の結果について結論を導くことができる。経済学者はかなり前からこうした考え方を使い、新たな政策に対する人々の行動を予測してきた。こうした研究は**顕示選好分析**と呼ばれる。

ある処置をとったときに人がどう行動するかを予測する際、処置はその人にとって代替的な選択肢の集合であり、略して「**選択集合**」と呼ぶ。母集団のメンバーが現在の選択集合を前にしたときに行う選択を観察するとしよう。問題は、彼ら、あるいはほかの人たちが、別の選択集合を前にしたときに、どのような選択をするかを予測することだ。政策は、選択集合に影響を与えることによって人の行動に作用する。

顕示選好分析を最初に考案したのは、ポール・サミュエルソンである。サミュエルソンによる１９３８年および１９４８年の論文では[*1〜2]、商品の需要予測という古典的な経済問題を検討している。サミュエルソンは、所得と価格が変わらないときの購買行動を観察することを想定した。そして、観察結果を標準的な消費者理論と組み合わせることによって、所得と価格が変化したときの購買行動を部分的に予測できることを示した。政策によって、所得あるいは商品の価格に影響を与えることで、人間の行動を変化させられるかもしれない。

ここでは顕示選好分析を使って政策効果を予測する現代の事例を紹介し、経済学者が援用している仮定を見ていこう。最初に、多くの研究テーマとなってきた主要な事例、所得税制と労働供給の反応について取り上げよう。

3-1 高所得者の税率を下げると、高スキル人材の労働供給は増えるのか

所得税制に対する労働供給の反応の予測は、長らく経済政策分析の重要なテーマとなってきた。所得税の賦課は、税収確保の主要メカニズムである。税制は労働供給に影響を及ぼすと考えられる。税制と労働供給が相まって所得が決まり、ひいては税収が決定する。

アメリカにおける財政論争では、所得税制に対する労働供給の反応についての見方が対立し、保守かリベラルに分かれるが、どちらも自説に確実性があるとする正反対の確実性が特徴になっている。論争のほとんどは、高所得者の限界税率をめぐるものである。保守派は、高所得者に適用する税率を累進税制の税率より大幅に引き下げれば高スキルの労働供給が増加すると主張する。一方、リベラル派は、高スキル人材の労働供給は税率にさほど感応しないと主張する。

1980年代、経済学者のアーサー・ラッファーが、保守派のなかでも大胆な主張を展開した。高所得者の限界税率を引き下げると、高スキル人材の労働供給が十分に増加して、かえって税収が増加すると主張したのだ。リベラル派は、ラッファーをはじめとする「サプライ・サイド」の経済学者の予測はいい加減きわまりないと猛反発した。保守派とリベラル派の具体的な議論は時とともに変わっていくが、論争自体は続いている。

■経済学では労働供給はどう考えられてきたか

重要な点として理解しておくべきなのは、標準的な経済理論は、所得税制に対する労働供給の反応を予測しないということだ。逆に、労働者はまったく別な形で合理的に行動することを示している。税率が上がると、合理的に考えて労働を減らすかもしれないし、労働を増やすかもしれないし、まったく変えないかもしれない。

現代労働経済学では、労働供給を、生涯にわたって行う就学、職業、労働意欲に関する意思決定の一連の結果だとみなしている。だが、経済学部の学生が見慣れた単純なモデルでも、所得税制に対する反応がさまざまであることを十分に示すことができる。

このモデルでは、賃金があらかじめ決まっている賃金労働者を考える。この人は、(1日、1週間、あるいは1カ月など)一定の時間を、賃金労働と、賃金が支払われない労働以外の活動（経済学では伝統的に「余暇」と呼ぶ）に割り当てなければならない。総所得から所得税を差し引いたものが純所得である。

経済学者は一般的に、所得が多く余暇が多いほど望ましいと想定している。この想定は妥当であるように思える。労働供給の問題の本質は、所得と余暇を同時に増やせない点にある。働く時間が増えて所得が増えるほど余暇は減っていく。標準的な経済理論では、（純所得、余暇）という実現可能な組み合わせのそれぞれに価値（**効用**ともいう）を付与し、効用を最大化するような時間配分を選択すると想定する。純所得と余暇のどちらも望ましいという点以外に、各人が何を望ましいと思うのか、いわゆる**選好**については、理論では何も想定していない。

一部の経済学者は、選好の違いは、税制と労働供給の関係の違いを示唆すると考えた。単純な頭の体操をしてみる。不労所得がない人が、比例税制――課税標準の大小にかかわらず、同じ税率を課す税制の下で、税率が変わると労働供給がどう変わるかを考える。

経済学部の学生になじみのある選好には、**加法的効用**、**コブ・ダグラス型効用**、**レオンチェフ型効用**の3通りがある。加法的効用とレオンチェフ型効用は対極的な考え方で、前者は所得と余暇を**完全代替財**［監訳者注5］とみなすのに対し、後者は**完全補完財**［監訳者注6］とみなす。加法的効用では、税率が低いときはフルタイムで働くが、税率が高いとまったく働かないことが示される。レオンチェフ型効用では、税率が上がれば労働時間を増やすことを選択する。コブ・ダグラス型効用は、中間的なケースで、労働供給は税率で変わらない。

これら3通りの選好の型によって、税率と労働供給の関係はかなり違ったものになるが、すべての可能性が網羅されるわけではない。経済学の教科書でよく取り上げられるのが、**労働供給曲線の後方屈曲**である。当初は、純賃金の増加とともに労働時間も増加するが、ある水準を超えると、純賃金が増えると労働時間が減少する場合、労働供給は後方屈曲的であるといわれる。これは、当初、税率がゼロから上昇するにつれて、労働供給も増加するが、ある水準を超えると、税率がさらに上昇すれば労働供給が減ることを示唆している。効用関数のなかには、税率と労働供給のより複雑な関係を導出するものもある。*3

経済理論は、どの選好のタイプにも特権的地位を与えるわけではない。加法的効用の人もいれば、コブ・ダグラス型の人、レオンチェフ型の人もいるだろう。労働供給が後方屈曲型の選好を持つ人もいれば、税制と時間配分のほかの関係を持つ人もいるだろう。つまり、所得税制が労働供給にどう影響するかは、理論が予測するわけではないのである。

■労働供給を実証分析する2つのアプローチ

この問題について、理論は長らく沈黙を守り続けてきたが、早くも1930年代には、経済学者のライオネル・ロビンズがこの点を認識し、税制に対する労働供給の反応を予測するには実証研究が必要であると結論付けていた。1930年の論文でこう述べている。[*4]「結論としては……賃金所得への変化の効果を予測するには、弾力性を帰納的に調べることによって進めなければならない」（P129）。「帰納的」とは、データから実証的に推定するということだ。「弾力性」とは、税率が1％上昇したとき、労働時間をどれだけ変化させるかの変化率である。

これ以降、経済学では、労働供給に関する膨大な実証研究が行われてきたが、アプローチは2つに分けられる。第一のアプローチでは、第2章で検討した仮定を使い、労働供給の経済理論は参照しない。事前事後分析では、所与の徴税区における労働供給を、税制の改正前と改正後で比較する。あるいは、異なる徴税区の住民の労働供給を比較する方法もある。こうした分析法は、税制の時系列の変化にせよ、地域的な違いにせよ、分析対象とする母集団が小さすぎて、検討されている政策対象のごく一部しかカバーされないという基本的な限界がある。つまり、第2章の仮定では、新税制下の労働供給が予測できるわけではないということだ。

実証分析の第二のアプローチでは、労働供給を経済理論のレンズをとおして研究する。

顕示選好分析では、現行の税制下での調査対象母集団の労働供給の意思決定を観察する。これらのデータを活用して、新たな政策下の労働供給を予測するために、人は効用の最大化を目指して時間を配分するという標準的な経済理論の仮定を援用する。この仮定は、顕示選好という用語の説明になっている。人は選択できたかもしれないほかのどんな組み合わせよりも、本人が選んだ(純所得、余暇)の組み合わせを選好すると仮定する。ここから、現行税制下でのある人の労働供給の選択を観察すると、その人の選好に関する何らかのことが明らかになると考える。こうした考え方を最初に唱えたのがサミュエルソンである*1~2。

効用を最大化するという仮定自体に、予測する力があるわけではない。そのため研究者は、選好に関して、新たな税制下の労働供給の反応を点予測できるだけの強い仮定を置く。単純かつ信頼できる仮定が、所得と余暇の両方に価値を置くという仮定、つまり多いほどいいという仮定である。だが、この選好の仮定で予測できるのは、せいぜい新税制下の労働供給のバウンドである。区間予測ではなく点予測をするために、経済学者ははるかに強い仮定を置いている。

■既婚女性は男性よりも税制の変化に反応する

研究によって使われる労働供給モデルは異なるが、共通する仮定が2つある。第一に、労働供給は純賃金とともに一方向に変化すると想定している。モデルの仕様は、後方屈曲型の労働供給関数や、それ以外の非単調型の関係を一般的に認めていない。第二に、純賃金に対する労働供給の反応は、プライムエイジ世代(25~54歳)の男性や既婚女性といった大きな括りでは同じであると仮定する。つまり、純賃金の変化に対して、メンバー全員が同じように労働時間を調整すると考える。著者が選好の違いを許容する範囲で、2-8節と似た分布の仮定を置くことによって予測は可能になるが、実質的正当性を著しく欠くことになる。

信頼性はさておき、顕示選好分析を使って、新税制下の労働供給の反応は予測できる。予測は2段階のプロセスで行われる。まず、検討する税制の下で、時間配分ごとの純所得を計算する。次に、労働供給モデルを使って労働者の意思決定を予測する。

こうした研究の多くが触発されたのが、バートレスとハウスマンによる1978年の論文[*5]である。その後の研究の方法論、データ、研究結果の概要と批評は、複数の長大な論文にまとめられている。代表的なものとして、ペンカベルによる1986年の論文[*6]、キリングワースとヘックマンによる1986年の論文[*7]、ブランデルとマカーディによる1999年の論文[*8]、メギルとフィリップスによる2010年の論文[*9]、キーンによる2011年の論文[10]、サエズ、スレムロッドとギルツによる２０１２年の論文[11]が挙げられる。ＣＢＯは、税制に対する労働供給の反応を予測するための文献の利用法について述べている。[12~13]

メギルとフィリップスは、膨大な文献を抽出して、こう記している。

> 結論としては、税率の改定によって生じる金銭的インセンティブに、男性の労働時間は特に強く反応するわけではない。だが、既婚女性やシングルマザーは若干反応が強い。一方、そもそも賃金労働をするかどうかの決定は、女性で特に母親の場合、税制や社会保障にかなり反応する。（Ｐ２０４）

サエズ、スレムロッド、ギルツも同様にこう述べている。

> いくらか例外はあるが、プライムエイジ世代の男性の労働の弾力性はゼロ近辺に落ち着いている。ただし、既婚女性の場合、労働参加の反応度は大きいようだ。全体として、労働の補償弾力性は、かなり小さいと言えよう。（Ｐ１）

キーンは異なる見方を示している。「私の検証では、男性の労働供給は、一般的に考え

られているよりも弾力性が大きい」(P1071)
最近の実証分析を読んでいて認識したのは、労働供給の弾力性の大きさに関する見解は異なっても、税制が労働供給に与える影響の方向性について、研究者の見解は一致している点である。税率が上昇しても労働供給が増える可能性は、理論的にあり得なくはないが、実証的には滅多にないと考えている。税率を引き上げれば、ふつう労働意欲は減退するとの見方がコンセンサスになっている。
比例税の引き上げ効果について、メギルとフィリップスは、「たいていの場合、労働を減らすことにつながるが、高水準の労働時間で代替効果が所得効果を上回るとき、労働が増える可能性がある」(P207)としている。[*9] キーンは効果が一方向だと断定している。「所得税を使って税収を増やそうとすると、労働意欲を減退させる」(P963)。税率の引き上げが労働供給の減少を招くとの見方は、公式の政府予測でも認められている。[*13]

■強い仮定を外して労働供給を分析する

ここまで労働供給の顕示選好分析の研究結果について説明してきたが、信頼性は脇に置いてきた。この重要な問題に戻ろう。

マンスキーによる2012年の論文[*14]では、論文で前提としていた強い仮定を外し、標準的な理論の最も基本的な2つの仮定だけを課した場合、顕示選好分析でどんな予測ができるか検討した。2つの仮定とは、(1)人は効用を最大化する時間配分を選択する。(2)所得と余暇が増加すればするほど効用は増加する(多いほどいい)。専門的過ぎるため、分析を詳しく述べることはしないが、主な分析結果と考え方をまとめておこう。

2つの基本的な仮定と、現行税制下での時間配分のデータを組み合わせても、新たな税制下の労働供給を点で予測することはできない。可能なのは区間予測である。さらに、税制の変更に対して、労働供給が増えるのか減るのか、方向を予測することもできない。つまり、論文で報告されたような**鮮やかな分析結果を得るには、2つの基本的な仮定以外に、仮定を追加する必要がある。**

■累進税と比例税それぞれの下で労働供給がどうなるかを比較する

基本的な顕示選好分析が予測力を持つには、現行税制と新税制の税表が少なくとも一度は交差しなければならないことがわかった。つまり、1つの政策は、ある時間配分で、もう1つの政策よりも純所得が小さいが、別の時間配分では純所得が大きくなければならない。これは、現行の税制が比例税で、新税制が税率の異なる比例税であるとき、基本的な顕示選好分析では予測できないことを意味する。一方、現行の税制が累進税で、新たな税制が比例税であるとき、基本的な顕示選好分析である程度予測できる。

基本的な顕示選好分析で何がわかるかを示すため、現行税制が2段階の累進税だとしよう。年間の所得が5万ドルまでは税率15％、5万ドル以上については25％である。新税制では課税所得に関係なく一律20％の比例税を導入する。2つの税制は総所得が10万ドルで重なり、どちらの税制でも所得税が2万ドル、純所得は8万ドルとなる。現行税制下では新税制下に比べ、総所得が10万ドル未満なら純所得が多く、総所得が10万ドル以上なら純所得が少ない。

図3－1は、不労所得がなく、フルタイムの賃金労働のみで年間総所得が15万ドルの人について、2つの税制下で時間配分によって純所得がどう変わるかを図示したものだ。この人は、年間の3分の2を労働に、3分の1を余暇にあてるとき、2つの税制下の純所得が8万ドルで等しくなる。新税制下では、余暇を3分の1未満にすれば純所得が現行より増え、余暇を3分の1以上にすれば純所得は減る。

現行税制で、余暇が3分の1未満である人を考えよう。基本的な顕示選好分析では、新税制下でも引き続き余暇は3分の1未満であることを明らかにする。これを理解するために、次のように具体例を考えてみよう。

ある人は、現行税制下で5分の4を労働にあて、5分の1を余暇にあてていると観察さ

図3-1　**累進税と比例税の場合の純所得**

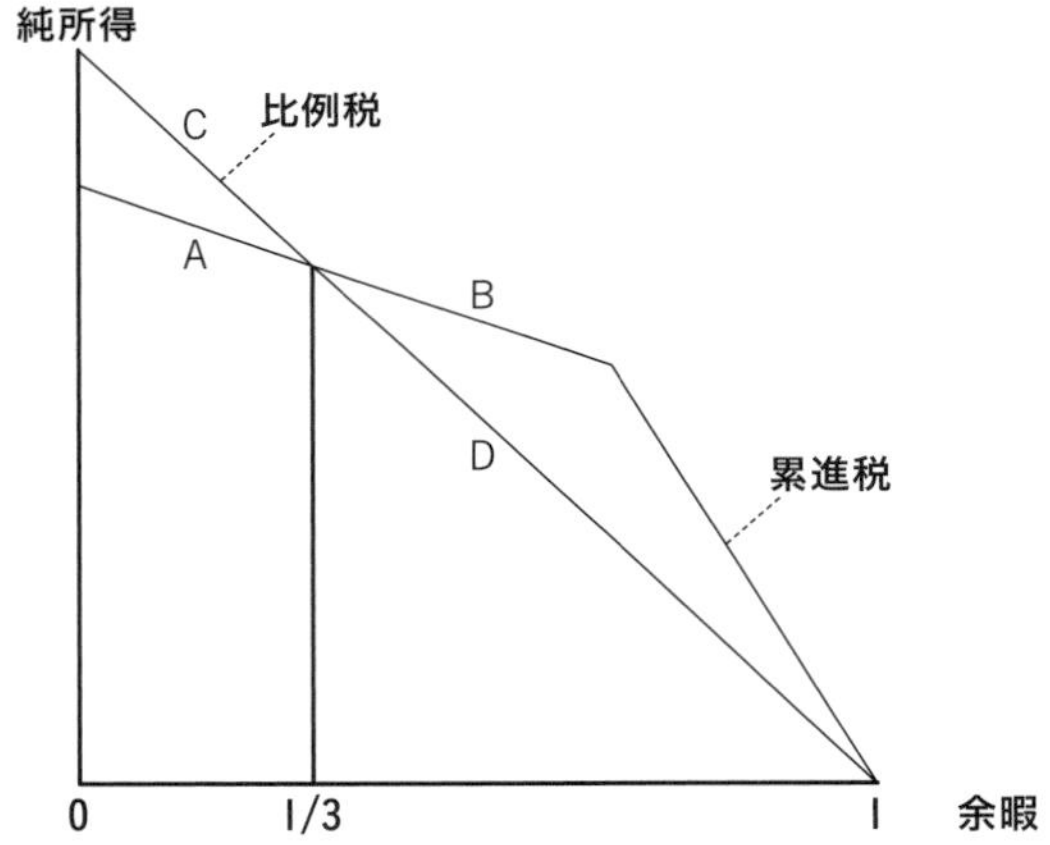

れている。これを、労働時間を2分の1にした場合と比較してみよう。現行累進税制下では、5分の4を労働にあてたとき、純所得は9万5000ドルである。これと余暇の5分の1のペアを点Aで示している。労働時間が2分の1のときの純所得は6万1250ドルである。これと余暇2分の1のペアを点Bとする。新税制下では、労働時間が5分の4のときの純所得は9万6000ドル、労働時間が2分の1のときの純所得は6万ドルである。これに余暇の5分の1と2分の1を組み合せ、点C、点Dで表した。

現行の税制下で労働に5分の4をあてる人の観察結果は、効用最大化の仮定を組み合わせると、点Bよりも点Aを選好することを示唆している。多いほどよいという仮定は、点Aより点Cを、点Dより点Bを選好することを示唆する。これらの結果を合わせると、点Dより点Cを選好することになる。つまり、新税制が導入された場合、2分の1ではなく、5分の4を労働にあてることを選択すると考えられる。

同じ理屈は、余暇時間が3分の1未満の人が、3分の1以上の時間を余暇にあてるかどうかにもあてはまる。しかしながら、マンスキーによる2012年の論文[*14]で示したが、基本的な顕示選好分析では、これ以上の結論を導出することはできない。

3-2 現代経済学で選択行動の予測に使われる「離散選択分析」

■離散選択分析の4つの特徴

先ほどの図は、サミュエルソンが開発した最初の顕示選好分析をあてはめたものだが、その目的は個人の選択行動の予測にある。現代の経済政策分析で主に使われているのはダニエル・マクファデンによる1974年の論文[*15]で確立した手法——**離散選択分析**である。マクファデンは、選好の異なるメンバーで構成される母集団の選択分布を予測する顕示選好分析の手法を開発した。その枠組みには、4つの基本的な特徴がある。以下で説明したうえで、具体例を示そう。

■特徴1　ある選択肢を選ぶ人の割合は選好する人の割合と同じ

マクファデンが想定したのは、各メンバーが**離散選択**の問題に直面しているとき、そのメンバーの母集団の選択が観察されている状況である。離散選択の問題は、意思決定者が有限の選択肢から選択する単純なものである。たとえば、フルタイムで働く、パートタイムで働く、まったく働かないの3つの選択肢から選ぶ。離散選択分析では、こうした選択問題に直面している母集団の行動の予測を目指す。

標準的な経済理論の仮定——各人は可能な選択肢のなかから最善のものを選択する、つまり効用を最大化する——という仮定から考えていこう。**ランダム効用モデル**は、**ある選択肢を選択する人の割合は、ほかのあらゆる選択肢よりもその選択肢を選好する人の割合と等しい**という考えを示したものだ。ある選択肢を選ぶ人の割合は、**選択確率**と呼ばれる。

心理学では、ランダム効用モデルは、サーストンによる1927年の論文[*16]に遡り、半合理的な行動を概念化する手段とされる。ルーチェとサップスによる1965年の論文[*17]での心理学的解釈では、意思決定者はそれぞれ頭のなかに効用関数の分布があり、意思決定が必要になったときはランダムに1つ選択しているとされる。マクファデンはランダム性を、個人のなかのばらつきではなく、母集団全体の効用関数のばらつきに由来するものと解釈しなおした。

■特徴2　選択肢と意思決定者を属性の束とみる

離散選択分析は、新たな選択肢が手に入る場合、既存の選択肢がなくなる場合、新たな意思決定者が登場した場合など、仮想的な状況における行動の予測を目指している。**選択肢と意思決定者を属性の束とみることで、行動が予測できる。**こうした属性と、意思決定者の効用関数の形がわかると、意思決定者がどんな選択をしたときでも、その効用が決定でき、ひいては、どのような行動を選択するかが予測できる。たとえば交通研究では、通勤者の収入と職業の属性から、通勤時間と交通費の組み合せで、どの交通機関を選択するかを予測できる。

選択肢と意思決定者を属性の束とみることは、主流の経済学から大きく外れることになった。古典的な消費者理論では、商品も消費者もそれぞれ質的に違いがあると考える。その理論では、新たな商品の需要を予測する方法はないし、新たな消費者の行動を予測する方法はないとされる。

■特徴3　観察不可能な属性を変数として扱う

実証分析で、被験者や選択肢に関する完全なデータが揃うと考えるのは現実的ではない。選好を表す効用関数の形が完全にわかっていると考えるのも現実的でない。ランダム効用モデルは、観察不可能な属性が行動に及ぼしうる影響を無視しない。**意思決定者の観察不可能な属性を、調査対象母集団によって値が変わる変数として正式に扱う。**選択肢の観察不可能な属性は、選択肢によって値が変わる変数として扱う。

■特徴4　計算しやすいよう簡便な仮定を適用

離散選択分析は、実用的な予測手法であることを目指している。マクファデンは、研究当時の技術的に可能な計算能力では、選択確率を単純な分布で表せる場合にのみ分析の計算が可能になると判断した。これを念頭に、観察不可能な属性の分布について、簡便な仮定を探した。マクファデンが見出した仮定から生まれたのが**条件つきロジット・モデル**であり、使い勝手のよさから多くの実証研究で活用されている。条件つきロジット・モデルは、特定の効用指数をそれぞれの選択肢と関連付け、観察可能な共通の属性を持つ人たちのなかで、ある選択肢を選択する人の割合は、この選択肢の効用指数を、すべての選択肢の効用指数の合計で割ったものだと考える。

■奨学金と大学進学の間には関係があるか

デビッド・ワイズとともに行った大学進学行動に関する私自身の初期の分析をごく単純化して、条件つきロジット・モデルの具体的な活用方法を説明しよう。マンスキーとワイズによる1983年の著書*18では、1972年のアメリカのある高校のクラスのデータを使って、大学進学のランダム効用モデルを推定した(chaps 6、7)。この推定モデルを使って、連邦政府の大型給付奨学金プログラムであるペル・グラント・プログラムの大学進学への影響を予測した。

分析の出発点となる仮定は、調査回答者で観察された大学進学と労働参加のパターンは、学生本人と大学、雇用主の意思決定の結果であるというものである。高校卒業者に対して、大学は入学を許可するか否か、雇用主は採用するか否かを決める。卒業生1人ひとりが、可能な選択肢のなかから進路を選択する。

卒業後の進路を決める意思決定プロセスに関して、この調査データで何が明らかになるのだろうか。学生は可能な選択肢のなかから最も好ましいものを選択すると仮定すると、選択した活動の観察結果は学生の選好を部分的に明らかにしていることになる。単純化のために、高校卒業後の選択肢は、大学進学か働くか、2つしかないとする(実際のモデルでは、進学するにせよ働くにせよ、複数の選択肢があると仮定して推定を行った)。大学進学を選択した人は、大学進学の効用が労働の効用を上回っていると推定できる。逆に働くことを選択した人にとっては、労働の効用が大学進学の効用を上回っていると推定できる。調査データは、回答者1人ひとりについて、どちらの選択の効用が大きいかに関する膨大な集合である。

実際の活動の選択からうかがえる選好の大小では、調査対象でない学生の進路選択を予測することはできない。調査対象の学生が、条件が変わった場合にどんな選択をするかを予測することもできない。行動を推論するには、データと、選好の形を限定する仮定とを組み合わせなければならない。

たとえば、大学進学の効用は、以下の属性に特定の形式で依存すると仮定する。つまり、学生の学力と親の所得、その学生にとって最善の大学の質と実質学費、ならびに学生および大学の観察不可能な属性である。同様に、労働の効用は、最善の職場の賃金および観察不可能な属性に依存すると考えるわけだ。

■低所得層ほど、奨学金は進学率を押し上げる

この著書[*18]で予測に使ったモデルは、前述のモデルよりはるかに複雑だが、本質は変わらない。推定モデルを使って、基本教育機会給付奨学金プログラム(のちにペル・グラン

ト・プログラムに改称）が大学進学に及ぼす効果を検証した。この連邦政府奨学金制度は1973年に始まったため、1972年に調査した高校生は、卒業後の進路を最初に決定する時点では奨学金の受給資格がなかった。

モデルでは、ペル・グラント・プログラムは、学生が実質的に負担する学費を変えることで、進路の選択に影響を与えると仮定した。奨学金の受給要件と給付の算定式がわかっているので、奨学金制度の下で任意の学生が負担する学費を推定できる。これができれば、奨学金制度がある場合とない場合の学生の行動を予測できる。また、これらの予測を集計して、全米での大学進学者の集計を予測できる。

表3-1は、1979年の奨学金制度の効果を示したものだ。この予測結果から、ペル・グラント・プログラムの大学進学の押し上げ効果は、低所得層でかなり大きく（59％）、中所得層では中程度（12％）、高所得層ではわずか（3％）であることが明らかになった。

総括すると、1979年に高校3年だった330万人のうち160万3000人が、1979〜1980年に全日制の大学に進学すると予測した。制度がなかった場合の進学者は、132万4000人にとどまったとみられる。表からは、奨学金制度が進学を後押しする効果は、2年制の短期大学と職業・技術校に集中していることがわかる。4年生大

表3-1　**奨学金の有無と1979年に予測される進学者数**（単位：1000人）

所得グループ	全日制大学		4年制大学		2年制短期大学		職業・技術校	
	奨学金あり	奨学金なし	奨学金あり	奨学金なし	奨学金あり	奨学金なし	奨学金あり	奨学金なし
下位	590	370	128	137	349	210	113	23
中位	398	354	162	164	202	168	34	22
上位	615	600	377	378	210	198	28	24
合計	1603	1324	668	679	761	576	174	69

※下位：1万6900ドル未満、上位：2万1700ドル超
出所：Manski and Wise(1983) 表7.4

学への進学には、基本的に影響を与えていない。

■**強い結論が得られるのは、強い仮定を課しているから**

受給要件や給付算定式の異なるさまざまな連邦奨学金制度が提案されてきたが、実際に施行された制度はわずかである。顕示選好分析を使えば、提案された制度、実際に導入された制度を問わず、幅広い制度について、進学率に与える効果を予測することができる。この分析法の推論の能力はかなり強力である。

推論の代価は、課される仮定である。合理的選択の仮定を課すだけでは、ほとんど予測できない。**顕示選好分析で強い結論が**

得られるのは、選好について強い仮定を課し、意思決定者が選択した選択肢と、選択可能なほかの選択肢を適切に表すことができると想定したときだけである。

マンスキーとワイズの大学選択の分析では、実証研究で典型的に課されている仮定を明らかにしている。私が1980年代初めにこの研究を実施した当時は、表3－1の点予測を発表することで満足していた。表に示した予測の結果を、確信を持って観察し、説明していた。今の私は、これを希望的推論の例だとみなしている。

■離散選択分析の現在

1970年代以降の離散選択分析は、マクファデンの元々の研究の基本的側面――ランダム効用モデル、選択肢と意思決定者の属性表現、結果としての選択確率――を維持してきた。ただし、条件つきロジット・モデルの特定の分布に関する仮定については、詳しい検証が行われ、分布に関する多くの代替的な仮定を課すモデルが研究され、適用されている。

多くの計量経済研究は、条件つきロジット・モデルほど厳密でないが、新たな状況における選択確率を点で予測できるだけの強い仮定を求めている。こうした狙いには、固有の緊張がつきものである。マンスキーによる2007年の著書*19では、計量経済学におけるさまざまな方向性について論じている(chap13)。最近は、点予測はできないが、有益な区間予測を可能にする弱い仮定についての研究を始めている。[*20、14]

3-3 「人は選択した結果を最適に予測する」という仮定は信頼できるか

顕示選好分析の議論ではここまで、意思決定者みずからが選択を行う環境を完全に理解していることを前提としてきた。だが、研究者が政策効果を予測するのが難しいのと同様、一般人も自分が選択した結果を予測するのは難しいはずだ。たとえば、労働供給を決定する人が、賃金労働でどれだけ所得が得られるかがわかっているわけではないだろう。大学を選ぶ若者が、さまざまなプログラムを受講して、どれだけの成績が取れるかわかっているわけでもないだろう。

経済学者は不確実性下の行動を研究するにあたり、人はさまざまな選択をした場合の結果を予測し、その予測をもとに意思決定をしていると仮定している。特によく使われるのが、人は**合理的期待**を持っているという仮定である。ここでの「合理的」という言葉は、人は選択する際の環境を正確に認識し、利用可能な情報をもとに結果を最適に予測しているという意味で使われている。「合理的選択」という言葉と混同してはならない。合理的選択とは、選好の観点から代替的な選択肢を求め、可能な選択肢のなかから最も望ましいものを選択するという意味である。

実際の研究で経済学者は、人はある行動が生み出すさまざまな結果が起こる確率を評価していると仮定する。さらに、人はその確率的評価(信念)を使って、1つひとつの取りうる行動の効用の期待値を算出し、その期待効用を最大化する行動を選択すると仮定する。結果に付与する確率が単に当人の個人的予測(信念)だとみなされるときは、**主観的確率**と呼ばれる。主観的確率が客観的に正しいと考えられると、合理的期待と呼ばれる。2－7節で取り上げた**完全予見**は、合理的期待の極端な形である。完全予見とは、確信を持って結果を予測し、その予測が正しいことを意味する。

人が合理的期待を持ち、期待効用を最大化するという仮定は、経済学者が行動を予測するには便利だが、信頼性がおおいに損なわれる恐れがある。以下では、合理的期待の仮定が疑わしい例を2つ取り上げる。次の3－4節で、人は期待効用を最大化するという仮定、もっと幅広く、合理的選択をするという仮定を見ていこう。

■若者は教育のリターンをどう予測しているのか

若者の進路選択について考えてみよう。経済学者は、若者が教育のリターンを予測し、その予測をもとに進学するか別の道を選ぶかを決めていると想定している。**教育のリターン**という概念は、進学した人と進学以外の労働などにあてた人の人生の成果を比較する際に使われる。進学の意思決定に関する実証研究では、若者が教育のリターンに関して合理的期待を形成すると仮定している。

こうした状況における合理的期待の信頼性は、かなり疑わしい。労働経済学者は教育のリターンに関する膨大な数の実証研究を行ってきたが、たいていは進学者と進学しなかった人の労働市場賃金を比較している。膨大な文献を読むと、研究者が課している仮定と、そこから導出された結果にはかなり幅があることがわかる。若者も、教育のリターンを研究する労働経済学者と同様の推論の問題に直面する。経済学者が教育のリターンについて合意を形成できていないのに、若者が合理的期待を持っていると言われて納得できるだろうか。私は納得できない。

特に強調しておきたいのは、若者も労働経済学者も等しく、仮想的な状況での結果は観察できないという事実に向き合わねばならないということだ。経済学者は、進路選択と結果に関するデータから教育のリターンを推計しようとするが、若者は、家族や友人らが過去にどんな選択をし、その後どうなったかを参考に自分の進路を考える。だが、家族や友人が別の選択をしていたら、どうなっていたかを観察することはできない。推測の可能性と、意思決定へのその影響は、若者がこうした仮想的な結果をわかっているという仮定に根本的に依存している。さらなる議論については、マンスキーによる1993年の論文[*21]を参照してもらいたい。

■人は結果を合理的に予測して罪を犯すのか

経済学者は、ゲーリー・ベッカーによる1968年の研究[*22]に刺激され、罪を犯そうとしている人間は期待効用を最大化するような合理的選択をすると仮定してきた。さらに、罪を犯すとどうなるかについて合理的期待を持っていると仮定している。経済学者でない一般人が、合理的に犯罪を選択するという仮定はおかしいのではないかと思うのは無理もない。正統派の経済学者でも、合理的期待の仮定を疑うべきである。

標準的な経済モデルでは、人は犯罪に成功するときと、失敗するときを効用で考えていると想定する。失敗すると逮捕、起訴され、量刑を言い渡される。経済学者の仮定では、人は起こりうるさまざまな結果に主観的確率を付与し、罪を犯す場合が犯さない場合よりも期待効用が高ければ、罪を犯すとされる。合理的期待を持ち、犯罪に成功する確率と、失敗して逮捕、起訴、判決という一連の流れで処罰される確率を正確に認識しているとの仮定が一般的になっている。

こうした合理的期待の仮定が現実離れしていることが特に疑われるのが、死刑の殺人抑止効果に関する研究である。議論のために、人は殺人の期待便益と期待費用を天秤にかけるとしよう。この前提を受け入れるにしても、人は逮捕、起訴され、死刑判決を受け、死刑が執行される確率をどう予想しているかについては、経済学者はほとんど何もわからない。従来の研究手法では、殺人と死刑執行に関する過去のデータを入手して、死刑執行の頻度を計算し、潜在的な殺人犯がこの頻度を主観的確率として使うと仮定する。こうした手法は、全米研究評議会（ＮＲＣ）の死刑と抑止効果に関する委員会による２０１２年の報告書[*23]で手厳しく批判されている。

■１９９０年代から経済学者が期待を測定するように

前述の事例をはじめ、ほかの事例にも言えることだが、**合理的期待を持つという仮定が高い信頼性を持つはずだとする理由は理解しがたい。**不確実性下の行動を顕示選好分析で予測する難しさを克服しようと、経済学者はインタビュー調査を実施して、実際に当人がどんな期待をしているかを聞き出していると思う人がいるかもしれない。だが、経済学者は昔から主観的な言葉による説明は信用せず、何を言うかではなく、どんな行動をしたかだけを信じるべきだと主張してきた。そのため経済学界では、期待のデータ収集を禁じるかのようなことがまかり通ってきた。

この禁が解かれ始めたのが1990年代初頭である。これ以降、調査研究にたずさわる経済学者は、回答者に個人の重要なライフイベントについて確率的期待を答えてもらうことが増えていった。期待が測定されるのは、株式市場の収益率などのマクロ経済のイベント、失業、犯罪被害、死亡など個人が直面するリスク、教育のリターンや社会保障給付などの将来所得、耐久財の購入、投票行動などの個人の選択である。

マンスキーによる2004年の論文[*24]はレビュー論文としてこの分野の実証研究の台頭について述べ、応用範囲を概観している。その後も論文が発表され、現在では膨大な数にのぼっているが、追加分のレビューはハードによる2009年の論文[*25]、デラヴァンデ、ジネとマッケンジーによる2011年の論文[*26]にある。

■避妊法に対する期待の測定から、女性の選好を予測する

デラヴァンデによる2008年の論文[*27]では、離散選択分析に期待の測定を活用した事例がうまく説明されている。デラヴァンデは、「ピルか貼り薬か注射か？」と題する論文で、女性の避妊方法の選択を調査した。その際、女性は妊娠する確率や性感染症に罹る確率を考えて避妊法を選択しているのではないかとの仮説を立てた。

デラヴァンデは、期待に関する仮定を置くのではなく、実際に女性がそれぞれの避妊法を用いた場合に妊娠する確率や性感染症の確率をどう考えているのかを回答してもらう調査を行った。次に、測定された期待と、避妊行為に関するデータをあわせて、避妊方法の選択について条件つきロジット・モデルの推定を行った。

アンケート調査で期待のデータが集まったことで、期待に関して根拠の不確かな仮定を置くよりも、説得力のある形で女性の選好を識別することができた。最終的に、測定された期待と推定された選択モデルを使って、避妊薬の価格が変化した場合や新たな避妊法が実用化された場合など、新たな状況でどの避妊法が活用されるかの予測を行った。

3-4 人間行動の研究で置かれる3つの仮定

経済学者が人間行動を研究する際、人は合理的選択をするという仮定を置くのが一般的だが、本書ではここまで、この基本的仮定は疑問視してこなかった。正統派経済学以外の世界では、この標準的な仮定は以前から論争の的になってきた。心理学者、そして、**行動経済学者**を自認する一部の研究者は、人間の知覚や認知能力には限界があることを強調してきた。それを踏まえて、人間ができるのは、せいぜい経済モデルで想定されている行動に近い行動をとることだと主張する。この近似性の性格や性質に関する見方はさまざまだ。結論となる本節では、この人間行動に関する思想史について見解を述べよう。公表された個別の分析報告ではなく、これまで行われてきた議論や調査の種類に注目する。20世紀半ばから始め、先に進むのが有意義だろう。この節の題材の多くは、マンスキーによる2007年の著書[*19]から引用している(chap15)。

■仮定1　人はあたかも期待効用を計算・比較しているようにふるまう

正統派経済学者はかねて、効用最大化の経済モデルは、意思決定プロセスを文章で記述していないとしても、「あたかも〜であるかのように」と考えることで近似的な状況をつくることに成功していると主張してきた。とりわけ強く主張しているのが、ミルトン・フリードマンとレオナルド・サヴェージである。[*28] フリードマンらは、合理的選択の基本的な考え方ばかりでなく、人は期待効用を最大化し、合理的期待を持つというかなり明確な仮定を擁護した。論文の一節では、比喩としてビリヤードの達人を使っているが、この比喩がかなり強引であり、論争が続いているので、ここに全文を引用しておくのが役立つだろう。

仮説は、個人が明示的あるいは意識的に期待効用を計算し、比較していると主張するものではない。そもそも、そうした主張が何を意味するのか、どうやって検証するのかはおよそ明確ではない。そうではなく仮説で主張しているのは、ある特定のクラスの意思決定をする際、個人は、あたかも期待効用を計算し、比較しているかのように、そして確率を知っているかのように振る舞うということである。この主張の妥当性は、個人が正確な確率を知っているかどうかに依存するわけではない。ましてや本人が期待効用を計算、比較していると発言したり、思っていたりするかどうかに依存するわけでもない。人が期待効用を計算、比較している証拠を心理学者が見つけるかどうかで決まるわけでもない。ひとえに、仮説が扱う意思決定のクラスに関して、十分正確な予測ができるかどうかにかかっている。別の言い方をすれば、「あたかも〜であるかのように」という説明が、ここで目指す現実に十分近いかどうかを決定する唯一可能な検証方法こそ、結果を見ることなのである。

単純な例で考えると問題点が明確になるだろう。ビリヤードの達人が、毎回、キューボールを打つ前に球筋を予測する問題を考える。得点する球筋を示したり、何よりどこに球を打てばいいかがわかったりする公式はできないわけではない。球同士の位置や、クッションとの関係、キューボールにひねりをかける「イングリッシュ」

で起きる複雑な状況を考慮に入れなければならないため、公式は当然、とてつもなく複雑なものになるだろう。それでも、ビリヤードの達人はあたかも公式を知っているかのごとく、目測で正確に角度を測り、ボールの位置を読み、瞬時に公式にあてはめて、公式が示す方向にショットを打つという仮説から素晴らしい予測が生まれるのは、まったく不合理なわけではない。ビリヤードの達人が数学を一切学んだことがなく、必要な計算がまったくできないことがわかったとしても、仮説の誤りが証明されるわけでもないし、仮説と矛盾しているわけでもない。仮説に対するわれわれの確信が弱まるわけでもない。なんらかの方法で公式を使ったときと近い結果を出すことができないのであれば、そもそもビリヤードの達人とはいえないだろう。

同様の考え方は、われわれの効用仮説にとっても重要である。どのような心理的メカニズムで個人が選択を行うにせよ、こうした選択にはなんらかの一貫性があり、われわれの効用仮説で説明できるように見える。この仮説を使えば、信頼できる証拠がまだない現象について予測が可能になる。特定のクラスの行動に関する予測が間違いだと証明されない限り、このクラスの行動に関する仮説が無効だと断定できない。これ以外の妥当性のテストは、決定的ではない。（P298）

最後の段落は、仮想的な状況における選択行動の予測を強調している点で称賛に値する。だが、行動観察で仮説の誤りが証明されるまで、「**効用仮説**」（つまり、期待効用最大化と合理的期待）を使って行動を予測すべきだとするフリードマンとサヴェージの提案には、さほど同意できない。行動モデルの多くは、選択のデータと矛盾しないかもしれないが、**合理的期待の仮定は往々にして信頼できない**。

では、なぜフリードマンとサヴェージは、ほかのすべての仮説を排除して、たった1つの仮説を推奨したのだろうか。読者は、フリードマン自身の答えを思い出すのではないだろうか。第1章で引用したが、ここに再掲しておこう。*29

入手可能な証拠と矛盾しない代替的な仮説の選択は、ある程度恣意的なものにならざるを得ない。ただし、完全に客観的とはいえないものの、「簡潔さ」と「成果」といった基準に照らして重要な考慮がなされているという一般的な合意が存在する。

（P10）

この答えは満足できるものではないと前に述べたが、再度強調しておきたい。妥当性があり、入手可能なデータと整合的なほかの仮説をことごとく退け、たった1つの仮説のもとで予測を行うべきだと科学者が主張する理由が、私にはわからない。1つの仮説にこだわることは、人が現実には持っていない予測力を信じているという印象を与えるのである。

■仮定2　人は限定的にしか合理的になれない

「あたかも〜であるかのように」の合理性が、自分たちが主張する仮説の有力な根拠だと考えている経済学者は少なくないが、同じくらい熱心に、この考え方を退ける経済学者もいる。ハーバート・サイモンは、現代行動経済学の嚆矢となった論文で、次のように述べている。[*30]

> 人間は合理的であろうとしても、（特に計算や予測に関する）心理的限界から、たとえばゲーム理論のモデルで想定されている包括的合理性に対し、極度に粗く単純化された近似値程度にしか合理的になれない。（P101）

こうした考え方は、**限定合理性**と呼ばれるようになる。サイモンはさらに、行動研究で限定合理性をいかに活用すべきかを提案している。

大まかに言えば、やるべきことは、経済的人間の包括的合理性を、人間が置かれた環境で持つ情報収集力と計算能力と矛盾しない、ある種の合理的行動に代えることである。（P99）

サイモンはさらに、人間には満足な結果と不満足な結果の粗い線引きで十分であると示唆した。この考え方は、**満足化原理**と呼ばれるようになる。

サイモンの論文で特筆すべき点は、人間の実際の意思決定プロセスについて実証的証拠を挙げているわけでもなければ、引用しているわけでもなく、脚注に個人的な観察を短く書いているだけだということだ。サイモンが頼りにしているのは、「共通の経験」の独自の解釈である。

決定的な理論に必要となる意思決定プロセスの実証的知識が欠けており、現段階では、現実世界の確たる事実は、あまり体系的でも厳密でもない形で理論に取り入れられている。だが、人間の選択の総合的な性格や、この選択が行われる環境の全般的な特徴をまったく知らない人はいない。私は、こうした共通の経験を、人間の性質とその世界に関する理論に必要な仮説の拠り所と呼ぶことを遠慮しない。（P100）

こうして見ると、**サイモンの論文と、フリードマン－サヴェージの論文は、人間の行動に関して対照的な仮説を唱えているが、どちらの論文も基本的には思索の域を出ていない**と言えよう。

■仮定3　バイアスとヒューリスティックス

実証的証拠がないなかで、サイモンとフリードマン－サヴェージほどの世界観がかけ離れた研究者の議論は収斂する気配がなく、論争が続いている。1950年代から1960年代に徐々に始まった実証研究は、1970年代以降、厚みを増していった。研究の主流は実験心理学であり、実験経済学にも取り入れられている。

実験心理学における選択行動の研究では、通常、被験者に具体的な情報を与え、彼らに具体的な行動のなかから選択させる実験を設計し、そのパフォーマンスをみる形をとる。典型的な被験者は、たいていどこかの大学の学生など手近な人間が選ばれ、政策対象となる母集団からランダムに選んだサンプルではない。おおよその研究目的は、人間の知覚、認知、意思決定プロセスに関する仮説を検証ないし表明することである。新たな状況下の選択行動の予測は、研究を遂行する暗黙の理由にはなっても、明示的な政策課題の一翼を担うことは滅多にない。

ダニエル・カーネマンとエイモス・トヴェルスキーの研究プログラムは、心理学内部でもそれ以外の分野でも、圧倒的な影響力を持っている。トヴェルスキーとカーネマンによる1974年の論文[*31]では、サンプル・データを提供する前と後で確率の主観的評価がどう変わるかを実験した結果がまとめられている。2人は、データと事前主観確率を組み合わせて確率理論の基本定理である「ベイズの定理」を理論的に正しく使った結果、ある程度秩序立った不一致が生まれることを発見した。トヴェルスキーらは、こうした不一致を**バイアス**と名付けた。そして、人はベイズの定理を適用するのに必要な計算をするのでなく、特定のヒューリスティックスを使ってサンプル・データを処理する傾向があると結論付けた。こう記している。「一般的に、こうしたヒューリスティックスは極めて有用だが、時に深刻で系統的な誤りにつながることがある」（P1124）。この記述は、サイモンの限定合理性の精神に通じる。

カーネマンとトヴェルスキーによる1979年の論文[*32]で報告された意思決定の実験では、期待効用理論の予測からシステマティックに不一致になることが示されている。観察された選択行動の解釈として、人は期待効用理論のような絶対的な結果の観点ではなく、事前に決めた参照点から得したか損したかの観点から行動を評価しているとした。また、観察された行動は、利益と損失の評価が非対称であることを示すものだとも解釈した。さらに、これらやほかの行動の特徴をモデルとして体系化し、**プロスペクト理論**と名付けた。
1979年の論文に示されているとおり、プロスペクト理論は、意思決定者は明確に定義された最大化問題を利得と損失の観点から解くと仮定している。つまり、経済学的な思考法を全面的に否定するのではなく、期待効用理論を修正し、著者が考える行動についての正確な記述を提供するものである。

トヴェルスキーとカーネマンによる1981年および1986年の論文[*33~34]では、意思決定問題の**フレーミング**、つまり、代替的な行動から生じる結果の説明の仕方によって、いかに選択行動が変わるかを示す実験が報告されている。これらの実験の結果は、目をみはるものだった。ここでは81年の論文で報告された最初の実験の記述と解釈を紹介しよう。これらは特に注目を集めた[*33]。問題1と問題2は、意思決定問題での2つの代替的フレーミングである。サンプル数と、それぞれの選択をした被験者の割合を、角かっこ内に示した。

問題1［N＝152］
アメリカは死者600人が予想される特異なアジア病の発生に備えているとする。対策として2つの選択肢が提示されている。対策の効果について、科学的な推計は以下のとおりだとする。

対策A　対策Aを実施すれば、200人の命が救われる。［72％］
対策B　対策Bを実施すれば、600人の命が救われる確率が3分の1であるが、1人も救えない確率が3分の2である。［28％］

どちらの対策があなたは好ましいだろうか。

この問題の大多数の選択は、リスク回避的である。確実に200人救えるとの見通しは、期待値が同じ、つまり、600人の命が救われる確率が3分の1という見通しよりも魅力的なのである。

回答者の第2グループには、問題1と状況は同じで、対策の表現を変えたものが提示された。

問題2［N＝155］
対策C　対策Cを実施すると、400人が命を落とす。［22％］
対策D　対策Dを実施すると、1人も死なない確率が3分の1であるが、600人が死ぬ確率が3分の2である。［78％］

どちらの対策があなたは好ましいだろうか。

問題2で大多数が選択した対策は、リスク許容型である。確実に400人が命を落とす対策は、600人が死ぬ確率が3分の2の対策よりも好ましくない。問題1と問題2で好まれるパターンには共通点がある。利得を含む選択はリスク回避的であり、損失を含む選択はリスク許容型なのだ。だが、2つの問題は事実上同じであることはすぐにわかる。唯一の違いは、問題1では結果を救われる人数で表し、問題2では亡くなる人数で表している点だけだ。（P453）

トヴェルスキーとカーネマンは、この結果や、ほかのフレーミングの実験の同様の結果から、強い推論を引き出した。期待効用理論は非現実的であるばかりか、人間の行動が合理的選択の基本的な**不変性**、つまり「同じ選択問題を、表現を変えて提示しても、好まれる選択肢は変わらない」（PS253）という性質とは相容れないと結論付けたのである。*34 人の選好は安定しているという経済学の基本的な考え方を退け、最終的に「選択の規範的分析と叙述的分析は、別個の行動選択分析とみるべきである」（PS275）と宣言した。この宣言は、人間行動を、合理的な理想に対する限定合理性に近いものとするサイモンの見解を切り捨てるものだった。心理学は、人間行動を記述する科学として独自の道を行くべきであり、経済学者が行動選択を概念化し、研究する方法にこれ以上かかわるべきでないことを示唆した。

■カーネマンとトヴェルスキーの結論は、一般化するにはあまりに壮大

カーネマンとトヴェルスキーが研究プログラムのなかで報告した具体的な実験結果が疑問視されているわけではない。前述の実験と似通った実験が繰り返し行われ、おおむね同様の結果が出ている。しかしながら、実験の結果を受け入れるからといって、カーネマンとトヴェルスキーが実験結果から引き出した推論を受け入れなければならないわけではない。実験によって人間行動の一般的な特徴が明らかになるとする彼らの結論は、とてつもなく壮大な推論である。

先ほどのアジア病のフレーミングの実験について考えてみよう。実験を説明する文章で、トヴェルスキーとカーネマンは、結果をプロスペクト理論で解釈した。つまり、利得を考えているときはリスク回避的で、損失を考えているときはリスク許容的だと解釈した。結果と整合的なほかの解釈は支持していない。別の解釈として被験者集団には多くのリスク中立的な人、すなわち選択肢を結果の期待値で評価する人が含まれるという仮説が考えられる。

実験で提示された対策はすべて、結果の期待値が同じで、200人が助かり、400人が死ぬ。だとすると、リスク中立型の人は、2つの対策は無差別で、違いはないと考える。こうした人の選択行動が、問題1と問題2のフレーミングで影響を受けるとすれば、これ

はプロスペクト理論の証拠とはいえないし、合理的選択の不変性の誤りともいえない。

カーネマンやトヴェルスキーに続いて、特定のラボ実験から人間の行動全般を推論する心理学者もいれば、そうでない心理学者もいる。1989年のシャントー[*35]、2000年のスタノヴィッチとウェスト[*36]、2002年のクーバーガー[*37]によるレビュー論文では、心理学者による見解の違いを概観している。ロペスによる1991年の論文[*38]は、カーネマンとトヴェルスキーが研究の報告で使った修辞法を分解した。

カーネマン−トヴェルスキーの実験の外的妥当性の評価が難しいのは、こうした実験が、判断や意思決定の間違いが顕著な選択の意図的な調査を反映しているからだ。カーネマンとトヴェルスキーによる1982年の論文[*39]は、間違いを意図的に探すのは、有効な方法論的アプローチだと主張している。


判断と帰納的推論に関する最近の文献の多くは、さまざまな認知機能に生じるエラーやバイアス、誤謬を懸念している。……エラーの研究の重視は、人間の判断力に関する研究の特徴であるが、この分野に固有のものではない。われわれは錯覚を使って、正常な認知の原則を理解し、忘却を研究することで記憶について学んでいるのである。（P123）

さらに、具体的に述べている。

論理の研究においてシステマティックに生じるエラーや推論上のバイアスに注目するのに、関連する弁明が3つある。第1に、知的な限界の一部を明らかにし、思考の質を向上させる方法を示唆する。第2に、エラーやバイアスは、判断と推論をつかさどる心理的プロセスとヒューリスティックな手続きを明らかにする。第3に、ミスと誤謬は、統計やロジックのどの原則が直感に反しているかを示すことで、人間の直感をマッピングするのに役立つ。（P124）

こうした方法論的アプローチには、科学的な利点がある。だが、カーネマンとトヴェルスキーが、エラーとバイアスの研究を重視したことは、彼らが公表した研究報告を読む読者に、深刻な推論の問題を引き起こした。公表された実験の結果では、エラーとバイアスが一般的であることを学ぶ。だが、**報告されていない、あるいは行われていない実験で起こったであろう結果については、何も学ぶことはないのだ。**

もう一度、アジア病のフレーミングの実験について考えてみよう。死ぬ人と助かる人の数を変えて、リスク中立的な人が対策A、B、C、Dに無差別でないようにすれば、被験者はどんな行動を取るだろうか。強力なフレーミング効果が持続するだろうか。それとも、意思決定の厚生への影響が強まるにつれ、フレーミング効果は弱まるだろうか。

もちろん、こうした質問に答える実験を実施し、報告することはできる。カーネマンとトヴェルスキーのフレーミングに関する論文では、こうした実験が行われたかどうか、行われたとすれば結果はどうだったかは示されていない。したがって、公表された実験結果からは、人間が広く不合理になりがちなのか、時おり認知の錯覚が見られるのかはわからない。

■どの言説も確実なものとして主張されている

要約しよう。「あたかも～であるかのように」で考える合理性が人間行動に近いとするフリードマン－サヴェージの主張と、人間の選好は安定していないとするカーネマン－トヴェルスキーの主張は、科学的に大きくかけ離れている。だが、両者の言説に共通するのは、正反対の見解を確かなものとして述べている点である。正反対の確実性は、今日でも人間行動に関する多くの議論を特徴付けており、人間は合理的か否かといった単純化された議論がなされている。より示唆に富むサイモンの見方がある程度注目を集めているが、もっと認められてもいいはずだ。

第Ⅱ部

意思決定理論編

第**4**章

単純な状況下で部分的な知識に基づいて意思決定をする

第Ⅰ部では、政策効果の予測がいかに難しいかを論じた。分析の際にピンポイントの点で予測できるのは、根拠が薄弱な強い仮定を置いているからであることを見た。より信頼性の高い仮定を置いた分析で得られるのは、点予測ではなく区間予測である。

第Ⅱ部では、こうした予測の難しさに、どのように適切に対処し、政策を立案していくかを検討していく。第4章と第5章の前半では、意思決定理論の初歩的な考え方を使って、**プランナー（政策立案者）**——社会の代表として行動する、現実の、あるいは理想的な単独の意思決定者——による政策選択を学ぶ。第5章の後半と第6章では、目的や信条が異なる人々で構成されるグループが集団として意思決定する際の政策選択について見ていく。

民主社会では、多数の個人や団体の相互作用から政策が形成されていくのに、あえて、ただ1人のプランナーについて学ばなければならないのはなぜなのだろうか。たとえ、何を望み、何を信じるかについて社会的な合意が形成されているとしても、不確実な世界における政策選択は微妙なものであり、一筋縄ではいかない。結束力のある社会であっても、最適な選択などといったものは存在せず、せいぜい妥当な選択にとどまることをぜひとも理解してもらいたい。プランナーは、不確実性を率直に認め、対処していく結束力のある社会を擬人化したものである。

この章では、比較的単純な状況について学ぶが、プランナーは、政策効果について事前に定まった部分的な知識をもとに単独で意思決定を行う。つまり、新たなデータを入手する機会はなく、不確実性の程度が軽減されるわけではない。第5章では、連続的な選択の状況のなかで学習機会が得られることを見ていく。

4-1 限られた情報のなかで「未知の感染症X」にどう対処するか

まずは、マンスキーによる2007年の著書[*1]で取り上げた単純な例から見ていこう(chap11)。陰鬱ながら希望が残されている仮想のシナリオである。

町では未知の感染症Xが猛威をふるっている。感染は避けられない。何の処置もしなければ、確実に死ぬ。有効な手立てが見つからなければ、町が全滅することになる。

疫学研究者がAとBの2つの処置を提案する。1つの処置は効くのはわかっているが、どちらが効くかはわからない。2つを組み合わせると死につながる。つまり、効果的な処置を施される場合だけ、生き残ることができる。どちらが効くかをテストする時間的余裕はない。すぐにでも全住民に処置を施す必要がある。

町全体の対策を決めるのは保健衛生局である。当局としては、住民の生存率を最大化したい。ここで2通りの対策が考えられる。第一の対策は、処置を1つだけ選び、住民全体に処置を施す。この場合、全住民が生き残るか、全滅するかのどちらかになる。第二の対策は、住民の一部にAを、残りにBを施す。そうすれば、どちらか一方の住民は生き残ることができる。住民の半数にAを、残りの半数にBを施した場合、生存率は確実に50％になる。

当局はどうすべきだろうか。悲惨な結果になる可能性を認識しながらも、全員に同じ処置を施し、それが正しい選択であることを祈ることはできる。あるいは、住民を2つに分け、それぞれAとBを施し、確実に半分は生き残り、半分は死ぬ対策を取ることもできる。どちらの対策についても、妥当性があるという議論を展開することができる。実際、次節以降で見ていく意思決定理論の原則を使えば、どちらかの対策を推し進めることができるのである。

4-2 意思決定理論の2つの基本原理

意思決定理論は、合理的な意思決定者がどうふるまうべきか指南することを目指す。もう少し控えめに言えば、どのようにふるまえば妥当なのかを考えるものだ。意思決定理論の基本原理を使って、プランナーがどのように政策を選択するかを検証していこう。この章では、原理とその応用事例を紹介する。第5章でさらなる応用例を見ていこう。

企業、個人、プランナーなどの意思決定者が、実行可能な選択肢のなかから1つだけ行動を選択しなければならないとしよう。それぞれ行動からなんらかの結果が生まれる。意思決定者はこの結果に価値を置く。この価値は、個人の意思決定の研究では**効用**、プランナーの研究では**厚生**と呼ばれるが、ここでは厚生を使うことにする。

それぞれの行動が生み出す厚生を意思決定者がわかっていれば、最も厚生が高い行動を選択すべきである。では、厚生がわからないとき、どのようにふるまえば妥当なのだろうか。この問いに答えるのが意思決定理論である。

■基本原理1　自然状態

部分的な知識という考え方を定式化するため、結果は、選択した行動となんらかの環境特性によって決まるとする。意思決定理論では、関係する環境の特性を**自然状態**と呼ぶ。さらに、意思決定者は、自身が起こりうると信じる自然状態すべてを網羅してリスト化することができると想定する。このリストは**状態空間**と呼ばれ、部分的な知識を正式に表す。たとえば、未知の感染症Xの例での状態空間には、2つの自然状態を含んでいた。処置Aはある状態で有効で、処置Bは別の状態で有効だった。

確実な予測ができるのは、状態空間が1つの要素(自然状態)だけを含む場合である。そのとき、意思決定者は、それぞれの行動の結果を確実に知っている。状態空間に複数の要素が含まれる場合、区間予測になる。状態空間が大きければ大きいほど、意思決定者は、それぞれの行動が生み出す結果について知っていることが少なくなる。

行動の選択肢が2つで、自然状態が2つしかない単純な設定でも、意思決定が根本的に難しいことがよくわかる。自然状態1では行動1が生み出す厚生が大きいが、自然状態2では行動2の厚生が大きいとする。だとすると、どちらの行動が望ましいかは、意思決定者にはわからない。

意思決定理論は、意思決定者がどのように状態空間を形成するかを説明するものではない。意思決定者は、入手できるデータと仮定を使って、その人が起こりうると思う自然状態を決定しているとみられる。状態空間がどんなものであれ、それは意思決定者が信頼できると太鼓判を押せる知識の表れである。信頼できない確実性を表したものではない。

本書の冒頭で引用したラムズフェルドの「未知の知」と「未知の未知」の区別を思い出してもらいたい。意思決定理論は、「未知の未知」ではなく「未知の知」として、不確実性を定式化する。意思決定者があらゆる自然状態をリスト化し、任意の行動と自然状態のそれぞれの組み合わせにおいて起こる厚生を決定する際、意思決定者は未知の知に直面しているという。未知の未知が存在するのであれば、あり得る状態を網羅することはできない。

政策選択にとって難しいのは、「未知の未知」の領域であるとラムズフェルドは断言した。未知の未知に対峙することの格別な難しさに注意を喚起したという意味で、ラムズフェルドは正しかった。だが、未知の知を軽視するのは楽観的すぎる。未知の知でも十分に難しいのだから。

■基本原理2　厚生関数

次に、行動選択から生じる結果の厚生を定式化しよう。意思決定者がCの行動を選択し、自然状態sが起こる場合、結果の厚生の値は$W(C, s)$で表す。まとめると、行動Cと自然状態sは、厚生W(C，s)を生むと言える。状態空間が、意思決定者が保有する知識(情報)を表すのに対し、**厚生関数**は意思決定者の選好を表す。厚生の値が高いほど、意思決定者にはよりよい。意思決定理論は、厚生関数の性質については何も語らない。選好はどんなものでも構わない。

厚生経済学の分野では、意思決定理論を政策選択に適用するが、厚生関数について2つの見方が提示されている。プランナーを、自身の選好を通じて決定する意思決定者と考える研究では、プランナーは**独裁者**や**家父長**といえるかもしれない。

プランナーを、一体的な社会の体現者とみる研究もある。この見方を使うとき、経済学者は、こうした社会が何を達成したいのかを探求し、社会の選好を厚生関数として定式化する。社会的厚生は**功利主義型**の厚生関数の形を取るとの想定が、伝統的に主流になっている。この厚生関数では母集団のメンバーの個々の選好を集計する。功利主義においては、ある政策が生み出す厚生は、その政策が生み出す個人の厚生の加重平均であると想定する。

本来であれば、プランナーを独裁者とみる研究者は、社会的選好を知るために、プランナーに聞くべきである。功利主義的な厚生関数の研究では、個々の選好を知るために、母集団のメンバーに聞くべきである。実際には、プランニングの研究者はどちらもしていない。独裁者の社会的選好について、あるいは母集団のメンバーの個々の選好について、仮定を課す。次に、自分自身で考案した厚生関数を使って政策選択を調べていく。

政策選択に関心を持つ一般市民は、プランニング研究で推奨されている政策選択は、研究者が用いた厚生関数に一義的に依存しているという事実に気づく必要がある。第2章のはじめに書いたが、理想の世界では、研究手法に詳しくなくても結論を得るまでのプロセスを気にすることなく、政策分析の結論を信頼できるが、政策分析の利用者は専門家を安心して信頼することはできないため、研究手法の主な特徴くらいは知っておくべきだと注意した。

政策効果の予測について、アナリストは、それがあたかも確実であるかのごとく断言する傾向があると書いた。プランニング研究の結果の解釈についても、同じように慎重に見るべきである。アナリストがこれこれの政策選択は最適であると結論付けるとき、この結論は当然ながら使われた厚生関数に依存している。所得税政策を例に取ろう。

■厚生関数を用いて最適所得税制を求める

規範的な公共経済学でおなじみの演習に、功利主義型の社会的厚生関数を与え、複数の所得税制を、それを導入することで達成される厚生によって順位付ける問題がある。個人が自分自身の所得と余暇、政府の公共財の生産に価値を置くと想定することが出発点になる。公共財には、国防から地域の警察、交通や通信、経済活動のためのインフラ整備が挙げられる。政策選択の問題では、所得税表をセットし、税金の使途を決定する。税収の使途の1つは、個人への所得の再分配であり、もう1つは公共財の生産である。最適な政策は、功利主義型の社会的厚生を最大化するように、税表と使途を選択する。最適な政策は必然的に、所得、余暇、公共財に関する個人の選好に依存する。また、プランナーが個々人の選好をどう集計するかにも依存する。

■最適所得税制の先駆者マーリーズによる研究

最適所得税制の先駆的研究で、ジェームズ・マーリーズが厚生関数をどう使っているかを見ていこう。[*2] マーリーズは功利主義型の見方を採用し、こう述べている。「厚生は、経済を構成する個人ごとに分離可能であり、対称性がある。すなわち、(同一の)個人の効用関数を適切に選択すれば、厚生は個人の効用の合計として表すことができる」(P176)。この一文は、功利主義であることを表明しているだけでなく、マーリーズのプランニング研究におけるもう1つの重要な仮定に注意を促すものだ。マーリーズは、集団のメンバー全員が個人として同じ選好を持つと仮定しているのである。

マーリーズは、集団の一部のメンバーからほかのメンバーへの所得の再分配という政府の機能を制限した。再分配は昔から功利主義型の厚生経済学の重要なテーマである。だが、公共経済学は公共財の生産という政府機能も重視する。マーリーズのモデルでは、効用を個人の所得と余暇のみの関数と想定している。公共財は存在しないため、政府が公共財を生産するために、税収を確保する必要もない。

マーリーズは、3－1節で見た教科書的な労働供給モデルを使って、政策によって生まれる税収を予測し、税収を所得の再分配に回すことで得られる厚生を算出した。分析を行うには、集団のメンバー全員に共通と仮定する効用関数を具体的に決定しなければならない。実証分析を重んじる研究者なら、労働供給のデータ分析から個人の選好の性質を把握しようと努めただろうが、マーリーズは理論家である。現実に即した実証よりも分析のしやすさから、一定の特徴を持つ効用関数を考え、最適税制を導出した。

マーリーズが使った厚生関数の固有の定式に目を向けてもらうため、私はマーリーズの研究そのものは評価こそすれ批判しない。新たな研究領域を開拓するとき、分析をしやすくするために、研究者には仮定を単純にすることがある程度許されているはずである。マーリーズは細心の注意を払って自身の仮定を明確にしているし、信頼性の低いものを確実であるかのように主張しているわけでもない。実際、論文の結論の節は以下のような書き出しで始まる。

予想されるとおり、取り上げた事例は、最適な賃金所得税表の形状が、母集団内のスキルの分布、および、仮定された所得－余暇の選好に反応しやすいことを裏付けるものであるが、どちらも現実の経済で簡単に推定できるものではない。単純な消費－余暇の効用関数は、はるかに複雑な状況から大胆に抽象したものである。それゆえ満足できる推定法がどんなものかを推測するのは極めて難しい。（P207）

つまりマーリーズは、最適税制に関する結論がどんな仮定を置くかに左右されることを、細心の注意を払って指摘しているのである。

4-3 3つの意思決定基準

■「支配される行動」を消去する

部分的な知識しか持たない意思決定者は、どのように行動を選択しているのだろうか。意思決定理論は、単純な部分的答えを与えてくれるが、完全な答えをくれるわけではない。

意思決定者は行動Dを考えているが、行動Cも可能であることに気づく。Cはすべての自然状態で少なくともDと同じレベルの厚生を生み出し、ある状態ではDより高い厚生を生み出す。このとき、DはCに**支配される行動**だといわれる。

意思決定理論では、**支配される行動を選択すべきでない**と指南する。これは常識でもある。支配される行動を評価する際、不確実性は重要ではない。真の自然状態がわからないとしても、支配される行動とは別の行動(支配する行動)が、少なくとも同じか、場合によってはそれを上回る結果を確実に出せることはわかっている。

支配は単純だが緻密な考え方である。ある自然状態で最適になる場合に限って、行動は支配されないと誤解されがちだが、実際は、あらゆる状態で準最適だとしても、行動は支配されないこともある。

これがよくわかるのが、未知の感染症Xのシナリオである。プランナーが住民を半分に分け、それぞれの処置を施す政策を考えてみよう。この政策が最適になる自然状態は存在しない。ある状態では処置Aの効果が高いが、別の状態では処置Bの効果が高い。それにもかかわらず全住民の半数にそれぞれの処置を施す政策は、支配されない。どちらの自然状態でも、常にこの政策を上回る厚生を生み出すような代替策は存在しない。

■基準1　期待厚生基準――期待厚生が最も高い行動を選択する

支配される行動を消去する根拠は自明である。これに対して、支配されない行動から選択するのはおおいに問題がある。CとDは支配されない行動で、自然状態によってCの厚生が高い場合もあれば、Dが高い場合もある。だとすれば、「意思決定者は、CとDをどう選択すべきか」という規範的な問いに、確たる正解はない。

支配されない行動を選択する際、唯一正しい方法がないなかで、意思決定理論の研究者はさまざまな決定基準を提案し、それらの妥当性を研究してきた。多くの研究者が提案するのが、**あり得る自然状態をウエイト付けし、加重平均の厚生で行動を評価する方法**である。これは、行動の**期待効用**または**期待厚生**と呼ばれる。期待厚生が最も高い行動を選択することが推奨される。第3章では、期待効用の最大化を仮定して、実際の意思決定を理解するのに活用していることを見てきた。ここでは、意思決定の規範的な処方箋として考える。

大きな問題は、あり得る自然状態をウエイト付けする方法である。意思決定理論の研究者は、ある状態に割り当てるウエイトは、意思決定者が、その状態が起こると考えている信念の強さを示すものでなければならないと示唆する。ウエイトは、意思決定者がその状態に付与する主観的確率である。この方法で自然状態をウエイト付けし、期待厚生を最大化する行動を選択する人を研究する分野は、**ベイズ決定理論**と呼ばれる。この名前は、第3章でベイズの定理との関連で言及した18世紀のイギリス人数学者トーマス・ベイズにちなんでいる。

選択されたウエイトは意思決定に影響を及ぼす。極端な場合、意思決定者がたった1つの自然状態に全ウエイトを集中させることもある。これはその状態を確信していると表明していることになる。すべてのウエイトを1つの状態に置くとき、それがこの状態で最適な行動であれば、ほかのすべての行動は関係なく、期待厚生は最大になる。

■曖昧な状況では何を基準に意思決定すればよいか

意思決定者が、未知の事象に主観的確率分布を付与するのに信頼できる根拠があるのであれば、自然状態をウエイト付けし、期待厚生を最大化するのは理に適っている。だが意思決定者は、その状態が起こると考えている信念の強さに応じて自然状態をウエイト付けするには、根拠が足りないと感じるかもしれない。主観的確率分布は、知識の一形態であり、意思決定者は1つを主張できるとは思わないかもしれない。

こうした状況で意思決定者が直面するのが、**曖昧な状況下**での選択問題である。最初に**曖昧**という言葉で主観的分布がないことを評したのは、エルズバーグによる1961年の論文である。[*3] 概念自体は早くも、ケインズによる1921年の著書[*4]やナイトによる1921年の著書[*5]で論じられている。**ナイトの不確実性**と同じ意味で、曖昧さ(ambiguity)

に言及する著者もいる。

■**基準2　マキシミン基準——いちばんましな行動を選択する**

曖昧な状況下で、意思決定者はどうすれば適切にふるまえるだろうか。1つの可能性として、行動が生み出す厚生の最小値で行動を評価し、その厚生の最小値のなかでいちばんましな厚生を生む行動を選択する方法がある。この方法で行動を選択する人は、**マキシミン基準**を適用しているといわれる。マキシミンとは、厚生の「maximizaiton of minimum（最小を最大化すること）」の略である。

■**基準3　ミニマックス・リグレット基準——いちばん後悔が少ない選択をする**

マキシミン基準は、曖昧な状況下での保守的な選択方法であり、行動が引き起こす最悪の結果だけを考える。自然状態をウエイト付けする必要がないもう1つの基準では、最高と最悪の結果を検討する。有名なのは**ミニマックス・リグレット基準**である。

『オックスフォード英語辞典』では、リグレット（regret）の定義はいくつかあるが、意思決定理論における**リグレットの概念に最も近いのは、「何かを失ったり奪われたりしたときの後悔や苦悩」**である。意思決定理論において、特定の自然状態における行動のリグレットとは、この自然状態で最善の行動を選択せずに、この行動を選択したことで生じる厚生の損失である。たとえば、状態sで行動Cは厚生を最大化するが、行動Dを取るとしよう。だとすると、この状態でDを選択することで生じるリグレットは、厚生の差W(C, s)－W(D, s)である。

ほんとうの自然状態を知っている意思決定者であれば、この状態で最善の行動を選択することができる。このとき、彼のリグレットはゼロである。つまり、厚生最大化がリグレット最小化と同じになる。

現実の意思決定で問題になるのは、ほんとうの状態がわからないまま、行動の選択を迫られることだ。この状況において意思決定者は、起こりうるすべての自然状態にわたって行動が生み出すリグレットの最大値を求め、その値でその行動を評価する。次に、そのリグレットの最大値を最小化する行動を選択する。この方法で行動を選択する人は、ミニマックス・リグレット基準を使っているといわれる。ミニマックスとは、リグレットの「minimization of maximum（最大を最小化すること）」の略である。

■「未知の感染症X」のケースで3つの基準を適用する

具体的に意思決定が必要な状況で、3つの基準——期待厚生、マキシミン、ミニマックス・リグレットを並べると、それぞれの基準の違いがよくわかる。未知の感染症Xのシナリオを考えてみよう。可能な行動は、AとBの処置それぞれを、全住民のどれだけの割合に割り当てるかである。Aの処置を割り当てられる住民の割合は0から1の値をとり、残りは処置Bを割り当てられる。2つの自然状態sとtがある。状態sでは処置Aは効くが、処置Bは効かない。状態tでは処置Bは効くが、処置Aは効かない。

生存率で厚生を測定しよう。プランナーが人口のdの割合に処置Bを割り当て、残りの$1-d$の割合に処置Aを割り当てるとすれば、状態tのときの生存率はd、状態sのときの生存率は$1-d$になる。

この情報と厚生関数をもとにすると、処置を割り当てる人口の割合がいくらであっても、すべての行動は支配されない。割合のcとdを比較し、cがdより大きいとする。人口のcの割合に処置Bを割り当てると、状態tではdの割合に割り当てるときより厚生が大きいが、状態sではdの割合に割り当てるときより厚生が小さくなる。

ここで、3つの意思決定基準を適用するプランナーを考える。巻末の補論Aに、2つの自然状態に主観的確率を付与し、その期待厚生で処置を評価するプランナーは、以下の割り当てを行うことを示した。処置Aが有効である状態sが起こると思う主観的確率が1／2より大きいとき、処置Aを全員に割り当てる。一方、処置Bが有効である状態tが起こると思う主観的確率が1／2より大きいとき、処置Bを全員に割り当てる。これに対して、マキシミンとミニマックス・リグレット基準では、住民の半分ずつにそれぞれ処置を割り当てる。**事後的**には、期待生存率を最大化する(期待厚生基準の)プランナーの結果は、全員が助かるか、全員が亡くなるかのどちらかである。マキシミン基準(最小の生存率を最大化)か、ミニマックス・リグレット基準では、生存率は確実に2分の1になる。

この例では、マキシミン基準とミニマックス・リグレット基準は処置の割り当ては同じになるが、一般的に2つの基準は同じにならない。異なる選択になるのがふつうである。これを理解するのに、奇病Xの問題に、AとBのどちらの処置も効かない第三の自然状態uを付け加えよう。この第三の状態を加えても、期待厚生を最大化する行動かミニマックス・リグレット行動をとるプランナーの選択に影響を及ぼさないことがわかる。だが、すべての処置の割り当てが、マキシミン問題の解となる。処置割り当てがいくつであろうとも、全員が死ぬ自然状態が存在しているからである。

4-4 プロファイリング捜査に意思決定理論を適用する

未知の感染症Xのシナリオは教材としては面白いが、意図的に単純化してある。より現実的な部分的知識をもとにした政策立案の研究を紹介し、激しい論争のテーマになっている法の施行の一面を検討しよう。[*6] **プロファイリング**政策の選択というもので、犯罪の証拠集めをするかどうかの判断が、捜査対象者の属性によって変わってくる。

個人の属性によって捜査率を変える政策は、効率的な法の執行に欠かせないとして擁護され、捜査率が高い階層には不公正だと非難される。特に激しい論争となっているのが、人種による捜査率の差である。たとえば以下を参照してもらいたい。ノウルズ、ペルシコとトッドによる2001年の論文、[*7] ペルシコによる2002年の論文、[*8] ドミニッツによる2003年の論文である。[*9] プロファイリング捜査に関する研究の多くは、人種差別の証拠を探そうとしているのに対して、私は、功利主義的な効用関数を持つ政策立案者が、いかにプロファイリング政策を適切に選択するかを調べた。

■プランナーの厚生関数次第で、結論がまったく別物に

まず、犯罪と捜査の社会的費用の最小化を目的とした政策を立案するという問題を設定した(厚生の最大化は、社会的費用の最小化と等価である)。捜査はそれ自体がコストであり、犯罪を明らかにする捜査には、犯罪者の処罰コストをともなうと想定した。犯罪を抑止ないし予防できる限りにおいて、捜査は有益である。抑止効果は**犯罪関数**で表す。こ

の関数は、特定の属性の人物の犯罪率が、それらの人物に適用された捜査率でどう変わるかを見る。予防とは、捜査によって犯罪を未然に防げた場合である。

最初に、政策立案者が各属性グループの犯罪関数を知っていると想定し、最適プロファイリング政策を導出した。興味深いのは、捜査により犯罪性向が低いグループの犯罪を抑止できるが、犯罪性向が高いグループの犯罪を抑止できない場合、前者を捜査し、後者を捜査しないのが最適な政策であるという結果が出たことだ。

次に、政策立案者が犯罪関数について部分的な知識しか持ち合わせておらず、したがってどんな政策が最適かを決定できないと想定し、政策立案の問題を検証した。抑止効果の予測は簡単ではない。これを念頭に、情報が豊富で現実味のある状況設定に力を入れた。

政策立案者は、属性固有の捜査率が事前に選択されている調査対象母集団の犯罪率を観察すると想定した。調査対象母集団と政策対象母集団の犯罪関数は同じだと仮定することは差し支えなく、信頼できると考える。捜査で犯罪が抑止できるとの仮定も信頼できる。つまり、各属性グループで、捜査率が上がるほど犯罪率は下がることになる。だが、政策立案者は、捜査による抑止効果の大きさはわからないと想定した。これはグループごとに異なると考えられる。

こうした設定で、まず、政策立案者が支配される行動――現実の犯罪関数がどんな形であろうとも、社会的費用が高くなり、パレート劣位になる捜査率——をどう消去するかを示した。大まかに言えば、捜査コストが低いときは低い捜査率が、捜査コストが高いときは高い捜査率が、支配される行動になる。テクニカル分析でこれが正確にわかる。次に、政策立案者が、マキシミン基準ないしミニマックス・リグレット基準を使って、支配されない捜査率を選択する方法を示した。これら2つの基準で、選択される政策は異なる。

私は差別の証拠を突き止めることを直接の目的としていたわけではないが、分析はそうした推定問題に示唆を与えている。ノウルズ、ペルシコ、トッドによる2001年の論文[*7]とペルシコによる2002年の論文[*8]で検討されたモデルは、差別がないなかで、仮に属性ごとの捜査が行われるとすれば、最適なプロファイリングは、属性ごとの犯罪率を等しくするものでなければならないとしている。マンスキーによる2006年の論文[*6]のモデルは、彼らのモデルとは異なり、結論も違ったものになっている。

おそらく最も重要な違いは、プロファイリング政策を立案する当局が仮定する厚生関数にある。ペルシコらは、警察が捜査費用を差し引いた捜査の成功率の最大化を目指すと想定していた。これに対して私は、3つの要素からなる社会的費用関数の最小化を目指していると仮定した。3要素とは、(a)犯罪による被害、(b)逮捕された犯人の処罰費用、(c)捜査費用である。ペルシコらの厚生関数は、抑止効果を考慮しなかったが、私は考慮した。厚生関数のこの差が、結果的に政策選択に大きな違いをもたらした。

4-5 部分的な知識をもとにワクチン政策を決める

部分的な知識をもとに政策を立案する例をもう1つ紹介しよう。テーマは警察の捜査とはかけ離れているが、おおよその仕組みは似通っている。マンスキーによる2010年の論文[*10]では、有効性について部分的にしか知らないなかでのワクチン政策の選択について調べた。背景を説明したうえで分析の概要を見ていこう。

■経済学はどのように疫学を扱ってきたか

感染症予防のワクチン政策の選択の問題は、疫学では重大なテーマだが、経済学でも注目されている。共通の疫学モデルを使って、代替的な政策の感染の確率を予測する。次に厚生関数を定義し、疫学モデルが正しいとの仮定のもとで最適な政策を決定する。

最近は数多くの研究が行われているが、パテル、ロンギニとハロランによる2005年の論文[*11]では、インフルエンザ・ワクチンの供給が限られるなか、母集団の感染者数および死亡者数を最小化する最適な政策を検討している。議論の章に、主要な結果がまとめられている。

特にランダムな集団接種に比べて、最適なワクチン配分が極めて有効であることを示した。アジア型インフルエンザに対し、ワクチンが必要な人口の30％しかなく、感染の最小化を目的とする場合、最適なワクチン配分が、ランダムな集団接種より84％有効である。この最適戦略では、ワクチンを子供に集中的に接種し、残りを中年に接種する。人口が2億8000万人だとすると、ランダムな集団接種ではなく、最適なワクチン戦略をとることにより、3100万人の感染を予防することができる。（P210）

著者は研究結果を確実なものとして提示している点に注目してもらいたい。ワクチンの研究者は概して部分的な知識をもとにした政策立案について学んでいない。彼らも不確実性を認め、代替的な仮定のもとで最適政策を決定する感度分析を行うこともある。だが、感度分析は、部分的な知識に基づく政策選択の処方箋を提供するわけではない。

■医療保健当局でも部分的にしかワクチンの有効性がわからない

医療保健当局（プランナー）がワクチンの有効性について部分的な知識しか持っていない理由は2つある。ワクチンを接種した人の発症や感染を予防する免疫反応を生み出すワクチンの**内部有効性**について、部分的にしかわからない。また、ワクチンを接種していない人や免疫反応が出なかった人への伝染を予防する**外部有効性**についても部分的にしかわからない。ワクチンへの反応が個人だけのものであれば、内部有効性だけわかればいい。外部有効性は、ワクチンが生み出す社会的相互作用の大きさを測るものだ。

外部有効性は内部有効性より把握するのがはるかに難しい。ワクチンの内部有効性については、標準的なランダム化臨床試験（RCT）でわかる。母集団のなかからランダムに処置群を選び、ワクチンを接種し、接種後に免疫反応の出た人の割合を観察する。だが、RCTでは、ワクチン未接種の人への外部有効性はわからない。ためしに母集団の20％にワクチンを接種するとしよう。その後、発症した人の割合を観察しても、接種した20％の外部有効性しかわからない。20％以外の任意のワクチン接種率で発症率がどうなるかは、反事実である。

個人の交流が局所にとどまるのであれば、場所や接種率を変えた単独の試験を何度も行うことで、外部有効性はわかるだろう。だが一般的に、人の交流は局所にとどまらず無限の広がりがあるので、これは現実的ではない。このとき、母集団は単一の参照グループから成り、複数の試験を行うのは不可能なのである。
ランダム化臨床試験のデータが不足するなか、ワクチン研究者は、感染の数式モデルの開発に並々ならぬ力を注いできた。なかには途方もない労力を使って、個人の行動、社会的相互作用、生物学的プロセスがどう組み合わさって集団内に病が伝染するかを数式で示したモデルもある。だが、人間行動や社会的相互作用、生物学的プロセスについて、著者らが課した仮定の正しさを評価できるだけの情報を提供していない。したがって、彼らの政策効果の予測は、正確な予測というよりコンピューター上の実験と受け止めるのが誠実な態度といえるだろう。

■ワクチンの社会的損失と社会的費用のバランス

私は、次のような政策立案の問題を検討したことがある。政策立案者は、観察上、同一の人々から成る大きな母集団のワクチンの接種率を選択しなければならない。母集団のメンバーが観察上同一だからといって、処置反応が同じだと想定しているわけではない。政策立案者は、メンバーの属性を観察しないという意味にすぎない。もしメンバーの属性を観察できるのであれば、政策立案者は母集団全体で処置を変えることができるのであるが。

政策立案者は、2つの構成要素から成る厚生関数を最大化したいと仮定した。1つは感染が引き起こす社会的損失、もう1つはワクチンを接種する社会的費用を測定する。病気による社会的損失は発症者の割合に比例し、ワクチン接種の社会的費用はワクチンを接種した人口割合に比例すると想定した。この厚生関数は、ワクチン政策におけるトレード・オフの関係を表している。ワクチン接種率が高ければ感染率が低下するという便益をもたらすが、ワクチン接種の社会的費用が大きくなる。

ブリトー、シェシンスキーとイントリリゲーターによる1991年の論文[*12]など、最適なワクチン政策に関する過去の研究で、同様の厚生関数が仮定されている。だが、感染率を大流行の閾値以下に保つことを政策目標と仮定するのが、より一般的である。たとえばボールとリンによる2002年の論文[*13]や、ヒルとロンギニによる2003年の論文[*14]を参照してもらいたい。後者は次のように問うている。「母集団全体で、インフルエンザが大流行する可能性を排除するには、各年齢層の最低何%にワクチンを接種すべきか」（P86）

流行の発生を未然に防ぐという目標は、社会的厚生の最大化とは違う可能性がある。疫学では、大流行とは人口に占める感染者の割合が時とともに増加することだと正式に定義されている。これに対して、私の研究で置いた厚生関数は、病気の時間的経過を取り除き、母集団における病気の広がりを検討している。

■ワクチン接種率を決めるうえでの2つの仮定

最適なワクチン接種率は、ワクチンの内部有効性と外部有効性に依存する。私は以下のような状況を想定した。プランナーである当局はランダム化臨床試験の結果から、内部有効性については完全に把握している。当局は実証データと仮定を使って、外部有効性について部分的結論を引き出す。

実証データは、母集団のワクチン接種率と感染率の観察から引き出される。調査対象母集団と政策対象母集団で、外部有効性は同じだとする仮定は信頼できると当局は見ていると仮定した。ワクチン接種率が上がるにつれ、未接種の人の発症率は下がるとの仮定も信頼できると考えている。当局は、これ以外のことは知らない。特に、ワクチン接種率が上がると、どの程度、感染率が下がるかはわからない。

こうした状況設定は、前の節で取り上げた設定、当局が捜査の抑止効果に関して部分的にしか知らないときに捜査率の選択を分析するという設定に似ている。捜査で犯罪を抑止する、ワクチンで感染を防止するという仮定は、どちらも**単調処置反応（単調関数）**の例である。単調処置反応は、たいてい信頼できる有用な仮定であり、効果的な処置を増やすほど、悪い結果が単調に減っていく（つまり減少関数である）ことを意味する。[*15]

■弱い仮定だけでも、ワクチン接種率を選択できる

処置反応が単調であるとの仮定は弱すぎて、処置の選択について重要な含意が得られ得ないと思うかもしれない。だが、警察の捜査同様、ワクチンのシナリオでもかなりの威力を発揮する。ワクチン接種のコストが感染拡大の被害に比べて十分小さいとき、低い接種率は支配される行動であり、接種コストが感染拡大の被害に比べて十分大きいとき、高い接種率は支配される行動であることを示唆する。

支配される接種率を消去したあとも、当局は支配されない接種率から選択しなければならない。私はマキシミン基準とミニマックス・リグレット基準に基づく接種率を導出した。当局は、1人も接種しない政策を選ぶかもしれないし、母集団全員に接種する政策を選ぶかもしれないし、一部に接種する政策を選ぶかもしれない。具体的な分析結果は、調査対象母集団のデータ、感染とワクチンの相対コスト、意思決定基準の組み合わせに依存する。

この研究結果がワクチン政策に使われる可能性があるのは、当局に処置を義務付ける権限があり、調査対象母集団を観察し、ワクチン接種率の感染率への単調処置反応を仮定するのに前向きだが、ワクチン接種率の外部有効性について仮定するのに前向きでないときである。もちろん、研究結果はすべてにあてはまるものではない。それらは必然的に私の定義した実現可能な政策選択、厚生関数、当局が保有する処置反応の知識に依存している。

すべてに通用するのは、一般的な研究のアプローチである。政策立案の問題を定義し、支配される政策を消去し、なんらかの意思決定基準を使って支配されない政策を選択するのである。

4-6 「合理的な」意思決定と「妥当な」意思決定は違う

この章の最初のほうで、意思決定理論は、合理的な意思決定者がどうふるまうべきか、もう少し控えめにいえば、意思決定者が妥当なふるまいをするにはどうすればいいかを指南するものだと述べた。意思決定理論のこれらの見方には、以前から緊張関係があった。この緊張は、実務上も、また学問上も重要な意味を持っている。この点について述べて、この章を締めくくろう。

1つの見方では、意思決定理論は、支配されない行動から選択する特定の手続きを定めたものであるはずだと主張する。こうした手続きどおりにすることが、合理的な意思決定を構成すると言われる。もう1つの見方は、どれが優れていると主張することなく、さまざまな意思決定基準を調べ、比較する。端的にいえば、2つの見方はそれぞれ合理的意思決定と妥当な意思決定に関係している。

支配されない行動から選択する際に確実な正解はないと書いたとき、私は妥当性という観点を示した。3つの主要な決定基準を吟味したが、特に1つだけを推奨することはなかった。私が目指しているのは、もっと控えめなものであり、意思決定基準からの選択は重要な行為であることを示し、意思決定が、用いられる基準にいかに依存するかを浮き彫りにすることだった。未知の感染症Xは端的な例である。

妥当性の観点を打ち出したのは、統計的決定理論の先駆者で、マキシミン基準を掘り下げたエイブラハム・ワルドである。ワルドはマキシミン戦略が最適な基準だと主張したわけではなく、妥当であると言ったにすぎない。同じことだが、ワルドは意思決定者が求めているのは、厚生関数の最大化よりも損失関数の最小化であるとみた。そのため、マキシミンではなくミニマックスという用語を使った。初期の代表作『統計的決定関数』でワルドはこう述べている。[16]「一般的にミニマックス戦略は、意思決定問題の妥当な解決策になるように思える」（P18）

合理性の立場の最も有力な主張者は、レオナルド・サヴェージであろう。サヴェージは、20世紀半ばの意思決定理論に多大な貢献をした。1951年、サヴェージは、ミニマックス基準に強く反論した。ワルドによる1950年の著書[16]をレビューし、「ミニマックス戦略の適用は……超悲観的である。重要な正当化の根拠は示されていない」（P63）と書いている。[*17]

サヴェージはさらに、意思決定のより賢明なアプローチとして、ミニマックス・リグレット基準を提唱した。ミニマックス基準とミニマックス・リグレット基準の違いは、損失の測定方法にある。ミニマックス基準は損失を絶対値で測るが、ミニマックス・リグレット基準では、与えられた自然状態で達成可能な最高の結果との相対値で測る。これにより、ミニマックス・リグレット基準は、「超悲観的ではなくなる」という。

3年後、自身の代表作『統計学の基礎』でサヴェージは、期待厚生基準がいかに優れているかを論じ、意思決定にこの基準を**使ってもいい**というレベルにとどまらず、**使うべき**だと主張している。[*18] 選択行動に関して特定の**一貫性公理**に従うのは、あり得る自然状態に主観的確率分布を置き、期待厚生を最大化することと数学的に等価であることを示した。そして、この公理に従うことこそ合理的行動だと宣言した。意思決定者は自身の状態空間に主観的確率分布を置き、期待厚生を最大化すべきだとサヴェージは結論付けたのである。

サヴェージの議論は応用経済学に特に大きな影響を与えているが、意思決定理論家の間ではただちに論争を巻き起こした。多くの論文が発表され、いくつもの見方が示されている。本書でそれらを概観し、レビューすることはしない。だが私が個人的に、サヴェージの議論を受け入れられない理由、期待厚生基準が意思決定基準のなかで最高の地位を確保しているとは考えられない理由については説明しよう。まず、サヴェージの一貫性公理の議論の性質を論じよう。

■サヴェージによる「一貫性の議論」とは

サヴェージが研究したのは、意思決定理論のなかでも**公理的決定理論**といわれる分野である。公理的決定理論の基本型は**表現定理**で、複数の仮想的な選択シナリオを検討し、どのシナリオでも行動の一貫性を求める公理を提案する。こうした定理は、「公理に従うには、どのシナリオの行動も特定の決定基準にあてはまるように表現できることが必要十分条件である」ことを証明する。

一貫性公理は、具体的な選択シナリオで特定の選択をする人は、一貫性のためにほかのシナリオでも関連する選択をするはずだと主張する。おそらく、最もよく知られている一貫性公理で検討が容易なのは「推移性」だろう。

推移性：3つの行動、C、D、Eがある。3つの選択シナリオを考えよう。第一の設定では、CとDのどちらかを選ばなくてはならない。第二の設定では、DかEのどちらかを選ばなければならない。第三のシナリオでは、CかEのどちらかを選ばなければならない。

いわれる。

DよりC、EよりDを選ぶ人が、EよりCを選ぶ場合、この選択行動には**推移性**があるといわれる。

CがDの支配行動で、DがEの支配行動であるとき、推移性はわかりやすい。支配の定義から、CはEの支配行動になる。論理的に考えるとEとCでEが選ばれるはずがないことになる。

3つの行動がすべて支配されない行動のとき、推移性の規範的な魅力はもっと曖昧なものになる。DよりC、EよりDを選ぶ人は、EよりCを選ぶべきと論理から言えるわけではない。

にもかかわらずサヴェージは、推移性に加え、いくつかの一貫性の公理に従うことが、部分的な知識をもとにした合理的意思決定であると主張した。そのなかで、ロジック自体は公理に従う必要がないことを認識していた。

「合理的」人間の意思決定に関する行動を高度に理想化した理論を構築するつもりである。そのなかで、当然ながら、行動のこれこれの公理は「合理的」であるとの見方に同意してもらわなくてはならない。「合理的」が論理的を意味する限り、疑問はないはずであり、あるとすれば形の問題だけである。しかし、論理でたどることのできる一般的な基準を超える基準が必要になる状況では、みずから決断しなくてはならない。そのため、考える際に公理が提示されたとき、公理に従って行動しようとするのかどうかを自問しなくてはならない。言い方を変えれば、自分自身が公理に従っていないと気づいたとき、どう反応するかを答えなければならない。（P7）

推移性の公理に関して、サヴェージはf、g、hの3つの行動について、こう書いている。

gよりf、hよりg、fよりhを選好してきたことにはっきり気づいたとき、自分の考えに論理的矛盾があると自覚したような居心地の悪さを感じる。こうした3つの選好関係をよくよく考えてみると、そのうちの1つを切り捨てるのは難しくはないことに気づく。実は、3つの選好関係を並べて考えてみると、少なくともそのうちの1つは、どちらにしても、もう選好でないことに気づく。（P21）

最初の一文でサヴェージは、読者も内省し、彼の公理が合理性の特性として規範的に魅力的であることに同意するよう求めている。2番目の文では、自分自身を顧みて、推移性の望ましい状況が明らかになると述べている。

これらの文章のどこにも、サヴェージの公理に従うことが、圧倒的によい決断につながるとの主張は見当たらない。サヴェージは、一貫性があれば、それだけで素晴らしいとみているのだ。こう書いている。「ここでは、なぜ、そして、どんな文脈で一貫性を求めるかを分析しようとするのは適切でないように思われる。人は往々にして一貫性を持ちたいと願うという事実を示唆するだけで十分であろう」（P20）

■「公理の合理性」と「現実主義者の合理性」

サヴェージの公理は、公理的決定理論の内部からも、そして外部からも批評できる。理論の批評家は、さまざまな仮想的なシナリオで選択行動が一貫していること自体が素晴らしいとするサヴェージならびに、広い意味での公理的決定理論の主張に同意する。この批評の中心は、規範的な訴求力を持つとして提案された具体的な公理にある。公理的決定理論の規範的な訴求力を評価するのは内省があればこそなので、コンセンサスが形成されることは期待できない。実際、決定理論の研究者の意見は千差万別である。数学的素養があり、今なお続く決定理論内部の論争に興味がある読者は、一貫性の公理を幅広く集め、評価したビンモアによる2009年の著書『合理的意思決定』[*19]を読むといいだろう。

外部の批評家は、一貫性の公理に従うこと自体が素晴らしいとする考えに反論する。2011年の論文[*20]で私は、実際の意思決定を迫られる人は、さまざまな仮想的シナリオで自分の行動選択に一貫性があるかどうかなど気にしていないと論じた。実際に直面した状況で、ただ妥当な選択がしたいと望むだけである。そのため、規範的な決定理論が重視すべきは、いわゆる現実主義者の合理性である。

現実主義者の合理性：意思決定の処方箋は、エージェントが実際に直面する選択問題において、厚生最大化を促進すべきである。

現実主義者という言葉は、現代英語でめったに使われることはないが、昔の定義がその考え方をよく捉えている。

現実主義者：空想や理論ではなく、現に存在する事実や状況を検討し、対応する人（『ウエブスター改訂版大辞典1913年版』）

現実主義者の合理性は、公理的決定論の合理性とは異なる。倫理学の用語では、現実主義的合理性は、**結果主義者**の合理性であり、厚生の帰結（結果）の意思決定への処方箋を重視する。公理的理論の合理性は**義務論**の合理性であり、さまざまなシナリオで行動選択に一貫性があること自体を徳とみなす。

現実主義者の合理性の観点からすると、サヴェージらの公理の規範的訴求力に関して、サヴェージと一緒になって内省する必要はない。むしろ部分的な知識に基づく妥当な行動の評価とは無関係として、公理的決定理論を否定する。研究者が一定の公理に従うことが現実に優れた意思決定を促すことを示そうとするのであれば、公理的理論が関連してくるだろうが、これまでのところ、それは公理的理論のテーマにはなっていない。

■2つの合理性の違いは「主観的確率」に表れる

主観的確率分布の概念化を対比することで、公理的合理性と現実主義的合理性の考え方の違いがよくわかる。サヴェージの一貫性の公理は、主観的確率を参照しない。唯一登場するのは、公理に従うことが、あり得る自然状態に主観的確率分布を置き、期待厚生を最大化することと数学的に等価であることを示すときである。

現実主義的合理性の観点から見た主観的確率は、選択行動に暗示された数学的概念ではない。意思決定に使うための心理学の概念である。トヴェルスキーとカーネマンによる

1974年の論文[*21]は、主観的確率の心理学的な現実主義を論ずるなかで、2つの観点の違いを明らかにしている。

おそらく念を押しておくべきなのは、主観的確率は賭けの選好から推測できるときもあるが、通常はそうならない。Bチームではなく A チームに賭けるのは、Aチームが勝ちそうだと思うからだ。賭けの選好から推測したわけではない。つまり、現実には、主観的確率が賭けの選好を決めるのであって、合理的意思決定の公理的理論のように、賭けの選好から主観的確率が導出されるわけではない。(P1130)

統計的決定理論家のジェームズ・バーガーも、2つの見方を対比し、「ベイズ分析は、弱い公理の意味では『合理的』だが、不適切な事前確率分布が使われた場合、実用としてはお話にならない」(P121)と警告している。[*22] バーガーのコメントは、重要なのは実際の意思決定基準のパフォーマンスであるという現実主義者の見解を示したものである。「事前」という言葉で言及されているのは、関連する実証データを観察する前に頭にある主観的確率分布である。

■そもそも人は意思決定の際に「主観的確率」を置くのか？

前述の文章は、意思決定者があり得る自然状態に主観的確率分布を置くことを前提としている。この前提に疑問を投げかけたのが、ダニエル・エルズバーグである。エルズバーグは、1971年の大著『ペンタゴン・ペーパーズ』で米国の一般市民に知られている。決定理論の世界では、1961年の論文が有名であり、[*3]思慮深い人でも、サヴェージの公理に反し、主観的確率をもっていないかのような行動パターンを取る場合があることを示した。こうした行動を検討し、論文をこう締めくくっている。

彼らは愚かなのだろうか？　それを判断するのは、この論文の目的ではない。私の関心は検証可能な命題を前に進めることにある。（1）一部の情報の状態は極めて曖昧だと有意に認められる。（2）こうした状態で、多くの合理的な人々が、特定の選択についてサヴェージの公理に反する傾向がある。（3）彼らの行動は意図的であり、熟考してみても容易に覆せるものではない。（4）公理に「反する」行動パターンは、具体的な意思決定のルールの観点から区別し、記述することができる。

これらの命題が有効だと証明されれば、この行動の最適性の問題がもっと関心を集めるだろう。一見妥当な選択の公理に反するという事実だけで、この問題を排除することはできない。不確実性下での実際の、あるいは「成功した」意思決定に関する実証研究や予備的推測ですら未熟な段階で、これらの公理が確固たる考えから導かれたと自信を持つことはできない。問題の人々が、曖昧さの認識や、最善の確率予想への不安を意思決定に反映させることを許さないであるとか、長期的利益に反する行動を取るとか、心の奥にある選好に反したりすれば、ある意味で豊かになれるなどと規定するのは、軽率であると思われる。決定行動の根拠に説得力がないのであれば、……私には反論でもないように思える。彼らの行動を不合理と判断するのは論外である。私も彼らの一員である。

いずれにせよ、先の命題から、問題となる状況での彼らの行動について、ベイズ流アプローチやサヴェージのアプローチでは、間違った予測しかできない。彼らからすると悪いアドバイスである。彼らは意図的に公理に反する行動を取っているが、本人たちには分別ある行動に思えるのだから謝ることはない。彼らはほんとうに間違っているのだろうか。(P669)

バーガー同様、エルズバーグの言葉も現実主義者の見方を示したものであり、意思決定基準が実際に使えるかどうかを述べている。行動がサヴェージの公理と衝突した場合、意思決定者は不合理だと結論付けるべきではないという。われわれは、彼らが曖昧さと対峙するために使った意思決定基準のパフォーマンスを調べるべきである。エルズバーグは、「不確実性下の実際の意思決定、あるいは『成功した』意思決定の性質」への関心を明らかにしている。

■「最適な」意思決定基準など存在しない

物事を見るとき、支配されない行動のなかから曖昧さなしに正しく選択する方法は存在しないと前に述べた。そのため、部分的な知識で合理的意思決定を行う方法として、サヴェージら公理的意思決定論者らが独自プロセスを追求するのは見当違いだと考える。**われわれは最適な意思決定基準など存在しないという事実と向き合い、妥当な基準で満足しなければならない。**

合理性の追求は、第I部で論じた確実性の追求に共通する部分が多い。アナリストは確実であるかのように結果を予測するが、その確実性は信頼できない。同じように、**意思決定論者も、意思決定の最善の方法を知っていると断言するが、意思決定を最適化することなど不可能だ。**「はじめに」で、将来の政策分析を、信頼性が低い方法で導いた結論を確実とするのではなく、部分的な知識をもとにできることを示す方向に変えたいと書いた。

同じように政策立案についても、複数の意思決定基準が妥当であると正直に認識する方向に向かうことを願っている。

第5章

複雑な状況下で部分的な知識に基づいて意思決定をする

この章では、第4章で紹介した部分的な知識をもとにした政策立案の枠組みを、集団に2つの処置を割り当てる問題に適用する。また、政策立案者のグループが合同で処置を選択する集団的意思決定のプロセスについても検討する。どちらの設定でも、不確実性と対峙し、時間とともに不確実性を解消する戦略として、分散的な処置選択を提案する。この考え方は最初にマンスキーによる2007年および2009年の論文[*1~2]で展開したものである。

ポートフォリオの分散は昔から推奨される代表的な運用方法であり、投資家は資産をさまざまな商品に分散して運用する。投資家が全資産を1つの運用先に集中するのではなく、さまざまな運用先に配分する場合、ポートフォリオは分散されているといわれる。代替的な運用先のリターンが完全にわかっているなら、投資家は分散などしない。リターンが最も高い運用先に集中投資すれば豊かになれる。ポートフォリオ分散の根拠は、ひとえに情報が不完全なことに由来する。大まかにいえば、運用先のリターンがどうなるかわからなくても、投資先を分散することによって、さまざまな運用先で犯す可能性があるエラーを平均化することができる。

以下では、人の集団を対象とした社会政策で最善の処置がわからない場合にも、分散が魅力的であると論じていく。すでに、その一例として、第4章で奇病Xにミニマックス・リグレット基準が適用された例を紹介した。ミニマックス・リグレット基準を活用する政策立案者は、母集団の半数にそれぞれの処置をランダムに割り当てていた。個人が自分自身の処置を分散することはできなかった。各人は1つの処置を受け、生き残るか死ぬかのどちらかになる。それでも母集団の一定の割合にそれぞれ処置を割り当てることで、全体としては分散できていた。つまり、未知の感染症Xの処置として、個人の分散は不可能だが、集団の分散は可能だった。

共通要因を持つ集団（コーホート）に対して、順々に処置を施すことで、分散の魅力は強化される。先に処置を施したコーホートの結果を観察し、その情報を活かして後のコーホートの処置を選択するという学習効果が期待できるからだ。学習するうえで分散のメリットが大きいのは、ランダムに2つの処置を割り当てることで古典的なランダム化実験の状況をつくり、そのデータを政策分析に活かせるからだ。処置反応が時間の経過とともに変化しない安定的な環境では、分散によって短期的に不確実性に対応し、長期的に不確実性を引き下げる。

もちろん、常に分散が可能なわけではない。戦略的核戦争から金融システムの危機、地球温暖化、感染症の爆発的流行《パンデミック》まで、人類は集団的脅威にさらされている。一体化した世界に暮らす限りは、こうしたリスクを分散することはできない。それでも、多くのリスクは分散可能である。以上が現在のわれわれの関心事である。

まず、政策立案者が、1つのコーホートを扱う状況を検討する。次に、処置反応の分布が同じコーホートを連続して扱う状況を想定する。最後に、集団的意思決定のプロセスを検討する。

単純化のために、現行の処置と新たな処置（イノベーション）を施す状況に的を絞る。たとえば、現行の処置は、既存技術を使った標準的な治療で、新たな処置は最新技術を使った治療とする。現行の処置に対する反応は、経験からわかると考えて差し支えない。だとすると、情報で問題になるのは、まだ実用化されていない新技術に対する処置反応が部分的にしかわからないということだけだ。

■「処置の分散」とは

先に進む前に、処置の分散がプロファイリングとどう違うかについて説明しておかねばならない。分散は、人に対してランダムに処置を変えるよう求める。プロファイリングは、第4章の警察の捜査の文脈で論じたように、処置反応に関連するとみられる観察可能な属性が異なる人に対し、秩序立って処置を変えるよう求める。たとえば、患者の年齢や健康状態によって治療は変わるだろうし、失業者への公的支援も職歴やスキルによって変わる。犯罪者の量刑は過去の犯歴によって変わるということだ。

グループによって処置反応がどう違うかを、政策立案者がある程度わかっているのであれば、プロファイリングはよい政策になるかもしれない。1つのグループにある処置が効き、もう1つのグループには別の処置が効くとわかれば、グループごとに処置を変えたいと思うだろう。

処置反応が人によってどう違うかについて政策立案者がわからない場合は、分散が魅力的になる。秩序立って処置を変えることはできない。それでも、不確実性に対応し、学習するため、ランダムに処置を変えることは有益である。

5-1 1つの母集団に2つの処置を割り当てるには

第4章で支配されない行動の選択を検討した際、意思決定者が可能だと考える自然状態に主観的確率を付与できる状況かどうかを区別した。主観的確率を付与できる状況で意思決定として提案されるのが期待厚生基準であり、主観的確率を付与できない状況で提案されるのがマキシミン基準とミニマックス・リグレット基準である。

未知の感染症Xの例で示された意思決定基準は極めて重要である。厚生を集団の生存率で測ると仮定すれば、期待厚生を最大化するプランナーは処置を分散しない。マキシミン基準を使うプランナーは、事例のように自然状態が2つの例では、処置を50対50に配分するが、自然状態が3つのケースにはあてはまらない。ミニマックス・リグレット基準を使うプランナーは、どちらのケースでも50対50に配分する政策を選択する。

ここで、プランナーが母集団のメンバー1人ひとりに2つのうち1つの処置を割り当てなければならないとき、処置の選択がいかに意思決定基準に依存するかを示そう。2つの処置をA、Bとする。未知の感染症Xの例のように、可能な行動は処置の割り当てで、集団の一部にそれぞれの処置を割り当てる。つまり、0から1の間の割合dに処置Bを、1

－dの割合にAを割り当てる。処置反応は個人ごとである。

現在の分析は単純なので、初歩的な記号と代数だけを使って完結した記述ができる(代数が苦手な読者はこのセクションは読み飛ばして、5－2節に進んでかまわない)。それでも、未知の感染症Xの例の2つの重要な側面を総括している。第一に、処置の効果は、生存か死亡かといった二項対立ではなく、規模で測られる。第二に、処置反応は母集団のメンバーごとに異なりうる。たとえば、処置の効果は患者の生存年数で測られる。同じ処置を受けても、生存年数は人によって違うだろう。

処置の選択は厚生関数に依存する。未知の感染症Xの例では、厚生は母集団の生存率で測られた。つまり、プランナーは0か1の値をとる各メンバーの生存か死亡かの結果を集計し、母集団の人数で割る。この考え方を一般化すると、厚生を処置の結果の平均で測ればいいのではないか。プランナーは母集団の結果を集計し、それを母集団の人数で割ればいい。

未知の感染症Xの例のように、期待厚生基準、マキシミン基準、ミニマックス・リグレット基準で、どれだけ分散されるかは変わる。期待厚生を最大化するプランナーは、処置を分散しない。マキシミン基準を使うプランナーは、状態空間が一定の性格を持っているときは処置を分散するが、通常は分散しない。ミニマックス・リグレット基準を使うプランナーは、常に分散する。その時の処置の割り当ては、処置によりプランナーがあり得ると考える結果の平均に依存する。よって、プランナーがどの意思決定基準を使うかが、処置の選択にとって極めて重要なのである。

■厚生関数を数式で表すと

分析を始めるにあたり、$W(d, s)$は、プランナーがランダムに母集団のdの割合に処置Bを割り当て、自然状態sのときに実現する厚生を表すとしよう。たとえば、治療の効果として余命をとる場合、$W(d, s)$は、dの割合が処置Bを受け、$1-d$の割合が処置Aを受けるときの、患者の母集団の余命の平均になる。

$W(d, s)$は、全員がAあるいはBのどちらか1つの処置を受けるときに起こる結果の平均を考え、その加重平均として書くことができる。$W(0, s)$は、全員が処置Aを受けるときに起こる結果の平均であり、$W(1, s)$は、全員が処置Bを受けるときに起こる結果の平均である。母集団のdの割合が処置Bを受ける場合の結果の平均は、$d\times W(1, s)$と$(1-d)\times W(0, s)$の和になる。

$$W(d, s)=(1-d)\times W(0, s)+d\times W(1, s)$$

プランナーは、この厚生関数を最大化する割り当てを選択したい。難しいのは、真の自然状態を知らないところだ。AがBより優れた結果になる自然状態sと、BがAより優れた結果になる自然状態tが存在するのであれば、すべての処置の割り当ては支配されない行動である。これを確認するため、cがdより大きい任意の2つの割合cとdを比較する。母集団のcの割合に処置Bを割り当てると、その結果は自然状態tの場合、母集団のdの割合に処置Bを割り当てるよりも優れた結果になるが、自然状態sの場合、逆に悪い結果になる。

■現行の処置と新たな処置《イノベーション》のどちらをどう割り当てるべきか

具体的な厚生関数があれば、処置選択を調べることができる。分析を簡単にするため、Aを現行の処置、Bを新たな処置としよう。プランナーは、Aに対する過去の反応を観察し、将来の反応も変わらないとする仮定は信頼できると考えている。つまり、全員が処置Aを受けた場合に起こる結果の平均はわかっている。処置Bの結果に関しては部分的にしかわからない。ここでは主な結果だけ紹介し、詳しい結果は補論Bで取り上げる。補論Cでは、両方の処置の結果について部分的にしかわからない状況に、分析をどうあてはめるかを説明する。

W_0は、全員が現行の処置を受けた場合に生じる結果の平均であり、それは既知だとしよう。つまり、プランナーは、可能なすべての自然状態において$W(0, s) = W_0$であることがわかっている。このとき、厚生関数は以下の式で表される。

$$W(d, s) = (1 - d) \times W_0 + d \times W(1, s)$$

$L(1)$と$H(1)$は、可能なすべての自然状態において$W(1, s)$が取り得る最小値と最大値とする。もし$L(1) < W_0 < H(1)$ならば、プランナーはどの処置が最善かわからない。全員に新たな処置を割り当てた場合の厚生は、全員に現行の処置を割り当てた場合より低いかもしれないし、高いかもしれない。

これで準備は整った。プランナーが期待厚生基準、マキシミン基準、ミニマックス・リグレット基準を使った場合に選択される処置の割り当てを決定することができる。以下では実際にやってみて、その上で2つの例を示そう。

■期待厚生基準を使った場合の割り当て

期待厚生基準を使うプランナーは、あり得ると考える自然状態に主観的確率分布を置く。

この分布を使って、全員に新たな処置を割り当てた場合の厚生を、自然状態を主観的確率で加重して予測する。新たな処置が現行の処置よりも効果的な状態に高い確率を置いているとすれば、全員に新たな処置を割り当てる。逆に、この状態に低い確率を置いているとすれば、全員に現行の処置を割り当てる。

■マキシミン基準を使った場合の割り当て

マキシミン基準を使うプランナーは、全員に新たな処置を割り当て、取り得る最小値で厚生を評価する。これは$L(1)$である。$L(1)$がW_0を下回るとすれば、全員に現行の処置を割り当てる。このように、マキシミン基準は、**現状維持**の強力な根拠として機能し、新たな処置が優れていると確信できない限り、全員に現行の処置を割り当てることになる。

■ミニマックス・リグレット基準を使った場合の割り当て

マキシミン基準は、処置のエラーに対する見方が著しく非対称である。「現状が優れているときに新たな処置を選択する」というタイプBのエラーは完全に回避するが、「新たな処置が優れているときに現状を選択する」というタイプAのエラーは完全に無視している。2つのタイプのエラーを非対称に見るべきとする本質的な理由は存在しない。そこでプランナーは、タイプAとタイプBのエラーを等価とみて、潜在的な厚生効果を平準化したいと考える。この考え方を定式化したのがミニマックス・リグレット基準である。処置の配分のリグレットとは、最善の割り当てではなく当該の配分を選択したことにともなう厚生の損失である。プランナーは、リグレットがゼロになる最善の割り当てを選択したい。だが、最善の割り当てはわからない。第4章で論じたように、ミニマックス・リグレット基準では、起こりうる最大のリグレットを最小にする割り当てを選択する。

補論Bに、$L(1) < W_0 < H(1)$のとき、ミニマックス・リグレット基準を使うプランナーは、母集団の以下の割合にランダムに新たな処置を割り当てることを示した。

$$d = \frac{H(1) - W_0}{H(1) - L(1)}$$

新たな処置を割り当てられた割合は、$L(1)$と$H(1)$の間のW_0の位置に依存することがわかる。$L(1)$と$H(1)$の値を所与とすると、新たな処置を受け取る割合は、W_0が$H(1)$から$L(1)$に低下するにつれ、0から1に上昇する。この変化は理に適っている。W_0が低下するにつれて、タイプAのエラーによる厚生の損失の最大値は増え、タイプBのエラーによる厚生の損失の最大値は減る。2つのタイプのエラーの潜在的な厚生への影響をバランスするには、上記のdの割合が増える必要がある。

■少年犯の量刑を3つの基準で決定する

期待厚生基準、マキシミン基準、ミニマックス・リグレット基準を使った政策立案の具体例として、少年犯の量刑に関するネイギンと私の共同研究を再び取り上げよう。プランナーはユタ州、処置の対象母集団は15歳以下の少年犯とする。処置Aは現行の政策で、裁判官に裁量があり、施設への収容をともなう拘禁刑か、収容をともなわない非拘禁刑かを決める(非拘禁刑を義務付けていた第2章の処置Aとは異なる)。第2章と同様、処置Bは新たな政策で、すべての少年犯に拘禁刑を科す。厚生は、判決後の2年間に再犯しなかった少年の割合で測る。

ネイギンとともに現行の政策下の結果のデータを分析したところ、W_0＝0・39と判明した。判事がどのように量刑を選択するのか、少年犯が判決にどう反応するのかわからないなか、データからわかるのは、新たな政策下で再犯しない割合は最低で0・03、最高で0・92ということである。つまり、$L(1)$＝0・03で、$H(1)$＝0・92である。

この部分的な知識をもとに処置選択を考えよう。ユタ州が期待厚生を最大化するのであれば、状態空間の主観的確率によって拘禁刑を義務付ける政策の期待厚生が0・39を上回る場合、全面的に新たな拘禁刑を導入する。新たな政策の期待厚生が0・39未満であれば、現行の政策を据え置く。

ユタ州がマキシミン基準を使う場合、$L(1)=0.03$で、$W_0=0.39$なので、現行の政策を据え置くことになる。ミニマックス・リグレット基準を使う場合、(0・92－0・39)／(0・92－0・03)＝0・60の割合でランダムに選ばれた少年犯に拘禁刑を義務付け、残りの0・40の割合には現行の裁判官の裁量による量刑選択を適用することになる。

■安全投資とリスク投資の資産配分を3つの基準で決定する

2つめの例は、公共政策ではなくファイナンシャル・プランニングに関する問題だ。ファイナンシャル・プランニングでよく問題になるのは、資産を安全投資とリスク投資にどう配分するかである。投資家は自身のポートフォリオのリターンを最大化したい。安全投資のリターンはわかっているが、リスク投資のリターンについては部分的にしかわからない。リスク投資のリターンは安全投資のリターンより低い場合もあれば高い場合もあると投資家は思っている。

この意思決定の問題は、量刑選択の問題と仕組みは同じである。投資家はプランナー、資産額が母集団のメンバー、安全資産投資が処置A、リスク資産投資が処置Bにあたる。

ポートフォリオは処置の配分であり、ポートフォリオのリターンが厚生である。

期待厚生基準を使う投資家は、リスク投資の主観的期待リターンを計算する。期待リターンが既知の安全資産のリターンを上回る場合、全資産をリスク投資に振り向ける。リスク投資の期待リターンが既知の安全資産のリターンを下回る場合、全資産を安全投資に振り向ける。

マキシミン基準を使う投資家は、全資産を安全投資に振り向ける。ミニマックス・リグレット基準を使う投資家は、分散投資を選択し、資産の以下の割合をリスク投資に振り向ける。

$$\frac{H(1)-W_0}{H(1)-L(1)}$$

この例で、W_0は安全資産の既知のリターン、$L(1)$と$H(1)$は、投資家があり得ると考えるリスク資産のリターンの最小値と最大値である。

■リスクへの態度でプランニングは変わる

右の観察結果は、厚生が処置の結果の平均で測られるという前提に依存する。つまり、結果の平均が1単位変化するごとに、厚生も同じだけ変化する。状況によっては、結果の平均が1単位増えても、厚生はそこまで増えないと感じる場合があるだろう。この考え方は、ファイナンシャル・プランニングの分析ではおなじみのものだ。研究でよく前提にされているのは、ポートフォリオのリターンが1%下がった場合、リターンが1%上昇して厚生が増えたとき以上に、投資家は厚生が損なわれたと感じるということだ。同じように、未知の感染症Xの例では、母集団の生存率が1%下がると、生存率が1%上昇して厚生が増加したとき以上に、厚生が損なわれたと感じることがある。

厚生関数をこのように修正して処置選択に影響を与えるには、どうすればいいだろうか。答えは意思決定基準に依存する。期待効用理論では、ポートフォリオのリターンを最大化したい投資家は**リスク中立的**といわれる。1ドルの利得よりも1ドルの損失を重視する人は**リスク回避的**といわれる。リスク中立的な投資家は、全資産を期待リターンの高い投資に振り向けるのに対し、リスク回避的な投資家は、分散的なポートフォリオを選択するのが一般的である。同様に、リスク中立的なプランナーは、母集団の全員を期待厚生値の高い処置に割り当てるが、リスク回避型のプランナーは処置を分散させると考えられる。

事例：未知の感染症Xのシナリオを考えてみよう。プランナーは処置Aが有効な自然状態に主観的確率$p(s)$を置き、処置Bが有効な自然状態に主観的確率$p(t)$を置き、確率の和は1になる。厚生が母集団の生存率の対数で測られるとしよう。この厚生関数は、救われた命よりも失われた命を重視する。期待厚生基準から、プランナーの主観的確率を反映した処置の割り当てが導かれる。処置Aが割り当てられる母集団の割合は$p(s)$、処置Bが割り当てられる割合は$p(t)$であることがわかる。

「リスク中立型」や「リスク回避型」は、期待効用理論に特有の用語である。だが、結果の平均が1単位増えても厚生が1単位増えるわけではないという考え方は広く一般的に通用する。そのため、こう感じる投資家やプランナーが、マキシミン基準やミニマックス・リグレット基準を使った場合、どんな行動を選択するかを問うことができる。

私は2009年の論文[*2]で、以下を明らかにした。ミニマックス・リグレット基準では、ポートフォリオ選択や処置の割り当てが変わるが、分散されている点は変わらない。これに対し、マキシミン基準では、処置の割り当ては変わらない。$L(1) \wedge W_0$の場合、マキシミン基準を使う場合、投資家は常に全資産を安全投資に振り向け、プランナーは常に全員を現行の処置に割り当てることになる。

5-2 全員が同じ処置を受けるべきなのか

投資家は分散的なポートフォリオの選択を求める可能性があるとの説に異論はないだろう。同様に、企業は生産品目を分散させたほうがいいという説にも異論はないだろう。たとえば、農家に栽培品目の分散を勧めるのはよくあることだ。この状況では、代替作物が処置、耕作地が母集団にあたる。農家は生産高や価格がどうなるかはよくわからない。

だが、人への処置を分散すべきという提案には、異論があることに私は気づいた。セミナーや講義でこの提案をすると、プロファイリングを正当化する処置反応の情報がないのだから、全員が同じ処置を受けるべきだという反論をたびたび受けた。処置を分散すると、「平等の『平等処置』」を求める倫理基準に抵触すると懸念しているのだ。

5−1節では、この倫理の問題は取り上げなかった。プランナーが使う厚生関数の仕様を決める際には、公共経済学の伝統的な**結果主義**の仮定を置くよう提唱した。つまり、政策選択は、それが生み出す結果にとってのみ重要である。平等の平等処置は、**義務論的**な考え方である。つまり、結果は別にして、行動すること自体に価値があると考える。ここで、平等処置の懸念に応えておこう。

■処置の分散は「事前的」には平等だが「事後的」には不平等

分散は、母集団のすべてのメンバーが特定の処置を受ける確率は同じだという意味で、**事前的**な平等処置原則には則っている。最終的に人によって受ける処置はばらばらだという意味で**事後的**な平等処置原則には反している。つまり、平等処置は、事前的にはあてはまるが、事後的にはあてはまらない。

未知の感染症Xのシナリオは、平等処置の事前的と事後的な意味合いの違いを浮き彫りにしている。処置Aを全員に施す政策は、事前的にも事後的にも平等な処置を提供している。さらに、全員が生きるか死ぬかのどちらかなので、実現結果も平等になる。集団の半分ずつにそれぞれ処置を割り当てる政策は、事前的に全員を平等に扱っており、それぞれの処置を受ける確率は各自50%である。だが、事後的には全員を平等に扱っているとはいえない。また半分は死に、半分は生き残るのだから、結果の平等を実現するわけでもない。

民主主義社会は、通常、事後的な意味での平等処置に固執する。所得、控除、免除額が同じアメリカ人は、同じ額の連邦所得税を支払うよう求められる。合衆国憲法修正第14条平等保護条項は、管轄下のすべての人が同じ法の適用を受けるという意味であって、すべての人に異なる法律が適用される機会が同じであるという意味ではない。

にもかかわらず、一部の重要な政策は、事前的な意味での平等処置には固執するが、事後的な意味では明らかに原則に反している。アメリカの例でいえば、税務監査や薬物検査、空港での検査がランダムに行われ、陪審員の召喚がランダムであり、グリーンカードの発行やベトナム戦争の召集がクジで決められたこともそれに当たるだろう。こうした政策が推進されたのは、不確実性に対処するため処置を分散したいからではない。とはいえ社会は、事前的には平等だが事後的に不平等をもたらす政策を受け入れる意思を、ある程度示している。

民主社会がここで示唆したような処置の分散に近づくのは、ランダム化実験のパフォーマンスを容認するときである。ランダム化実験は、処置反応を把握するために行われている。事前的に平等な処置と事後的に不平等な処置を合わせるからこそ、ランダム化実験が意義を持つ。現代の医療倫理ではランダム化実験が許容されるのは、**臨床的均衡**が成り立つという条件の下、つまり、処置反応が部分的にしかわからないため、処置の優劣が決定できない状況に限られる。

ランダム化実験の現在の慣行は、民主社会は通常、実験への参加を強制しないという意味で、処置の分散とは異なっている。強制に対する懸念が特に強いのが医学の臨床試験で、自発的な参加者を募り、時間をかけて被験者に内容を告知し、同意を取り付けるインフォームド・コンセントが重視される。

■結果主義と義務論のバランス

ある社会が事後的に平等な処置について懸念しながらも、処置を分散する政策を検討している。どのように進むだろうか。

哲学者は、結果主義的な思考よりも、義務論的な思考を優先させるべきという立場を取ることが多い。これが示唆するのは辞書編集式の意思決定プロセスで、まず義務論的に容認できる行動への関心を制限し、その上で初めて、それらの行動の結果を検討する。事後的に不平等な処置が容認できないと考えるのであれば、処置の分散は候補から外れる。

これに対して経済学者はほぼ一様に、トレード・オフは許容できると考え、行動の賛否を天秤にかける。この観点から私は、事後的に平等な処置に対する社会の懸念を反映する条件を加えて、5－1節の厚生関数を修正するよう提案した。[*2]

厚生関数は以下の式で表されることになる。

$$W(d, s) = (1 - d) \times W(0, s) + d \times W(1, s) - E(d)$$

Eは、平等な処置からの乖離による社会的費用を表す。つまり$E(0)$と$E(1)$はゼロに等しいが、dがゼロか1に等しくないとき、$E(d)$はプラスである。これで割り当てにより処置を分散させるとき、厚生から何がしかが差し引かれる。私は、すべての分散された割り当てについて$E(d)$がプラスの定数である特殊なケースについて検討し、プラスの定数が大きすぎなければ、事後的に平等な処置についての懸念はミニマックス・リグレット基準による割り当てに影響を与えないことを示した。だが、定数が一定の基準を超えた場合、プランナーは全員に同じ処置を割り当てる選択をする。

こうした厚生関数を使うプランナーは、結果主義の思考と義務論的な思考のトレードオフを考慮している。十分に優れた結果を生み出すのであれば、義務論的に劣っている割り当てを選択をする。

5-3 処置を「順次」施していく場合のプランニング（適応的分散）

ここまで、プランナーが処置の割り当てを一回限り決めることを想定していた。今度は、一連のコーホートに順次処置を施すとしよう。連続的なプランニングは、経験学習を活かすことができ、前のコーホートの観察結果を、後のコーホートの処置の選択に活かす。

プランナーが、処置反応が同じ分布の個人からなるコーホートを連続して扱う場合、処置の分散に対する結果主義者の議論が強まる。分散によってランダム化実験が行われ、両方の処置に関するデータが揃う。時間の経過とともにプランナーは処置の割り当てを修正することができる。データが蓄積するにつれて一連のコーホートに対する処置を変えていく。これを**適応的分散**と呼ぶ。

■データが不十分のときは処置を分散させ、その後優れたほうを選ぶ

適応的ミニマックス・リグレット(Adaptive Minimax Regret, AMR)基準は、適応的分散の簡便な手段である。プランナーは、**処置の時点でわかっている処置反応のデータを使って、各コーホートにミニマックス・リグレット基準を適用する**。結果として、データが十分ではなく処置の優劣が決定できないときは常に割り当てが分散される。基準が適応的であるのは、時を追うごとに処置反応の情報が蓄積していくので、連続するコーホートが異なる割り当てを受ける可能性があるからだ。いずれプランナーは、どちらの処置が優れているかを把握する。この時点以降は、新たなコーホートすべてに対し、優れた処置を割り当てる。

AMR基準は、手元の情報をもとに各コーホートをできる限りミニマックス・リグレット基準で扱う。1つのコーホートのメンバーに対して、後々の学習のために厚生を犠牲にしてほしいと頼むようなことはしない。それでも、この基準を使うことで、将来のコー

ホートに恩恵をもたらす学習が可能になる。

■集権的医療制度に「適応的ミニマックス・リグレット基準」を導入すると

事後的な平等の処置への関心が処置の分散を排除しないのであれば、政府機関が直接処置を割り当てる集権的医療制度にAMR基準を導入することができる。具体例が英国の国民保健サービスやアメリカの軍保健制度である。

実際の仕組みを理解してもらうために、ある重大な病の現在の治療法をA、新たな治療法をBとする。結果は治療から4年間の生存年数で見る。厚生は生存年数の平均で測る。

表5-1を見ると、毎年、AMR基準で治療を割り当て、患者の一部が現在の治療を受けるシナリオで、1年目から4年目まで生存割合はそれぞれ(0・8,0・7,0・6,0・6)である。生存年数の平均は2・7年である。新たな治療を割り当てた場合の生存割合は(0・9,0・8,0・7,0・7)年で、生存年数の平均は3・1年になる。プランナーは経験から、現在の治療法の生存年数の平均が2・7年であることを知っている。だが、新たな治療法の有効性については、最初は何もわからない。生存年数の平均は0から4年のどこかになる。だとすると、当初、AMR基準で新たな治療法を割り当てる割合は、(4-2・7)/(4-0)=0・325になる。

表5-1 **適応的ミニマックス・リグレット基準による処置の選択**

コーホートn、k年	処置後のk年目に生存しているコーホート0の割合		W(I)のバウンド、コーホートn	AMR基準での割り当て、コーホートn	生存年数の平均、コーホートn
	現行の治療法	新たな治療法			
0			[0, 4]	0.325	2.83
1	0.8	0.9	[0.9, 3.6]	0.333	2.83
2	0.7	0.8	[1.7, 3.3]	0.375	2.85
3	0.6	0.7	[2.4, 3.1]	0.571	2.93
4	0.6	0.7	[3.1, 3.1]	1	3.10

1年後、新たな治療法を受けた患者の0・9の割合が生存していることがわかる。だとすると、プランナーは、新たな治療法での生存年数の平均は、最低0・9年、最高3・6年と結論付けることができる。したがって、AMR基準で新たな治療を割り当てる割合は、(3・6－2・7)/(3・6－0・9)＝0・333に修正される。プランナーは2年後から4年後にかけて観察結果から学ぶことによって、AMR基準で最新治療を割り当てる割合は、0・375、0・571、1へとそれぞれ修正されていく[監訳者注7]。

表に示されたAMR基準で新たな治療法に割り当てられる割合が具体的にどう変わっていくかは、2つの治療法の実現結果がどう変化していくかから導かれている。表から読み取れる大きなメッセージは、AMR基準では、情報が蓄積されていくにつれて、最終的に母集団全体に優れた処置が割り当てられることになるということだ。

■適応的ミニマックス・リグレット基準とランダム化臨床試験の3つの相違点

表5－1は、医療制度のプランナーが、熟知する現在の治療法と、未知の部分が多い最新の治療法の選択を迫られる状況を表している。こうした状況に直面した場合、最新の治療法のランダム化臨床試験を実施するのが一般的である。AMR基準で割り当てられた割合がランダム化実験の対象になる。そのためAMR基準の適用と、現在の臨床試験の慣行がどう違うのか、疑問を持つのも当然だろう。いくつか大きな相違点がある。ここでは、第1章の米連邦食品医薬品局（FDA）による新薬承認の議論を引き継ぎながら、3つの相違点を見ていこう。

■相違点1　最新治療を受ける割合

AMR基準では原理的に、最新治療を受ける割合はどんな値でも取り得る。これに対して、現行のランダム化臨床試験で、最新の処置を割り当てられるのは、関心対象の母集団のごくごく一部にすぎない。新薬の承認を得るための臨床試験では、一般的に新薬を投与されるサンプルは2000から3000人で構成されるが、患者の母集団は10万人から数百万人の単位である。このため新薬を投与される割合は、母集団の0・01未満、通常は0・001未満になる。

■相違点2　患者全体からの抽出か、自発的参加者からの抽出か

AMR基準の下で最新治療を受ける患者は、患者全体からランダムに抽出される。これに対し、現行の臨床試験では、自発的な参加者のプールからランダムに被験者が選ばれる。したがってランダム化臨床試験で明らかになるのは、患者全体ではなく、あくまで自発的参加者の小集団内の処置反応である。

■相違点3　結果の測定期間

AMR基準では、関心のある健康状態が時間の経過とともに明らかになるので、これらのデータをその後の処置の決定に活かすことができる。これに対して、FDAの新薬承認のために実施される臨床試験の期間は、せいぜい2、3年である。

医学研究では、短期間の試験からデータを収集するため、通常、本来知りたい結果では

なく、代理の結果を測定する。医学研究者は、代理結果から本来知りたい結果を推論するのは容易ではないと注意を喚起してきた。*3～4 だが、この慣行は続いている。

5-4 時間・空間を超えて分散させる

5－1節から5－3節までは、処置割り当ての全権を握るプランナーについて検討した。この節と次節では権限が限られたプランナーを取り上げよう。以下では、母集団のメンバー1人ひとりの処置を変えることはできないが、時間または空間で分けられたグループに対して処置を割り当てるか、影響を与えられるプランナーについて考える。こうしたプランナーは、ある程度、適応的な分散処置ができる。

■別の期間に集団内の処置を分散させる

プランナーは、同じ月、同じ年、あるいは同じ期間に処置が必要な人の集団（コーホート）内では処置を分散することができないとする。その理由は、事後的に法的な平等原則が求められるせいかもしれないし、技術的な制約から処置の管理が難しいからかもしれない。こうしたプランナーも、それぞれのコーホートごとに処置を分散させることは可能だと気づくだろう。

たとえば、表5-1で検討した医療制度プランナーは、0年のコーホート全員に処置A、1年のコーホート全員に処置B、3年のコーホート全員に処置Aといった具合に処置を割り当てる。こうしたやり方を続けていき、連続的に見ていくと、長期にわたってさまざまな処置が割り当てられることになる。表5-1の5年目の状況では、プランナーは処置Bを割り当てた人の割合の合計を、0、0・2、0・4、0・6、0・8、1のいずれかにすることができる。

コーホートによる分散は、コーホート内の分散ほど柔軟性がない。だが、処置反応が時間の経過で変化しないのであれば、最終的に同じ効果が得られる。プランナーは曖昧さに対応し、処置反応から学習することができるのである。

■勇敢なる1つの州の結果を全体にあてはめる

合衆国憲法は、連邦政府の立法権限を限定し、州の裁量を多く残している。だが、アメリカの連邦主義は、州を超えた適応的分散の奨励を排除しているわけではない。

アメリカ進歩主義運動は長らく、連邦主義が州による新政策の実験を可能にしていると評価してきた。1世紀前、セオドア・ローズヴェルト大統領は上院議員のロバート・ラファイエットについてこう述べている。[*5]

ラファイエット上院議員がウィスコンシン州での圧倒的勝利に導いた真に民主的な大衆政府のための運動のおかげで、同州は文字どおり、人民全体の社会的・政治的地位向上を目指す賢明な実験的法制度の実験室になった。

20年後、最高裁のルイ・ブランダイス判事は、1932年のニューヨーク州アイス社対リーブマン訴訟への反対意見で、このテーマについて発言し、その発言が有名になった。

州民の選択によって、たった1つの勇敢な州がほかの国民にリスクを与えることなく斬新な社会・経済実験に取り組もうとすることは、連邦制度の幸運な出来事の1つである。(P285 US311)

以来、アメリカの州を**民主主義の実験室**と評するのが一般的になっている。ローズヴェルト大統領やブランダイス判事の発言は、**州によって政策が異なるからこそ処置反応が学べる**と明らかに評価している。こうした差は、広い意味で時間ではなく空間で分けられたコーホートによる分散に似ている。ただし注意すべきなのは、州による政策の違いが意図的なランダム化の結果ではない点だ。ある州の結果を別の州にあてはめて推論するには、政策の異なる州同士の処置反応が似ていると仮定しなければならない。この仮定の信頼性は、状況によって違うだろう。

連邦主義は、一部の領域で州による独自政策の選択を後押しするが、そうした事態が生じたとき、連邦政府が受け身でいるよう強いるものではない。連邦政府は州にインセンティブを与えて、政策の望ましいポートフォリオの実行を奨励することができる。つまり、連邦政府は、処置反応の情報が蓄積されるにつれてインセンティブを変え、州を超えた適応的分散を奨励することができる。1980年代後半、連邦政府は社会保障政策に積極的な役割を果たし、当時存在した扶養児童のいる世帯への支援制度を州ごとに見直し、評価するよう後押しした。[*6~7]

5-5 「適応的分散」を新薬承認にあてはめる

軍医療制度など特殊な小集団向けの制度は別にして、概して分権的なアメリカの医療制度では、直接処置を割り当てる権限はプランナーに与えられていない。とはいえ、広い意味での適応的分散を部分的に実施する方法はある。

新薬承認の規制プロセスを使って、その成果を明らかにしていこう。第1章では、FDAが臨床試験データから推論して新薬の効果と安全性を予測する現場では、一般通念上の確実性がかなり使われていることを見た。**適応的部分新薬承認**プロセスは、現在のFDAの慣行を改善する可能性がある。

■新薬承認プロセスで起こりやすい2つのエラー

FDAは1906年純正食品・医薬品法に基づき1世紀以上前に創設されたが、現在の新薬承認プロセスはもっと新しい。1938年まで、FDAは粗悪な薬品の販売を規制することはできなかった。FDAにできるのは、安全性や効能を偽ったラベルや広告を違法にすることくらいだった。1938年食品・医薬品・化粧品法が施行されて、FDAが安全性の低い医薬品の販売を禁止できるようになったが、効能の評価は義務付けられなかった。1962年修正法により現代のプロセスが確立し、製薬会社に一連のランダム化臨床試験で新薬の安全性と効能を示すことが義務付けられることになった。

現在のプロセスは、実験室や動物を使った新成分の実験から始まる。ここで有望と見られた新成分は、ランダム化臨床試験の3つのフェーズを経るが、新薬は既存薬や偽薬と比較される。フェーズ1は通常1年で、自発的に参加した20人から80人の健常者に処方され、基本的な薬の作用や摂取量を変えたときの安全性を評価する。フェーズ2は通常2年で、自発的に参加した特定の疾患の患者数百人を対象に行われ、新薬の効用や副作用の予備的データを収集する。フェーズ3は通常3年で、自発的に参加した特定の疾患の患者数百人から数千人を対象に、効用と副作用のデータを収集する。製薬会社はフェーズ3完了後に新薬承認を申請する。FDAは臨床試験データの結果をもとに承認するか否かを決定する。

FDAの新薬承認の評価は、処置反応の部分的な知識をもとに行われている。この結果、承認決定は、2つのタイプのエラーを犯しやすい。タイプBのエラーは、入手可能なデータを使って評価するために、実際には既存薬に劣っているにもかかわらず、優れているように見えて新薬が承認されてしまうケース。タイプAのエラーは、入手可能なデータを使って評価するために、実際には既存薬より優れているにもかかわらず、劣っているように見えて承認されないケースである。タイプBのエラーは、FDAの販売後監視制度によって、臨床現場で使われた結果を分析して最終的に修正される。一方、タイプAのエラーはたいてい解消されないままだ。新薬が承認されなければ、薬の処方は中止され、処置反応のデータはそれ以上集まらない。

FDAの承認プロセスの長さについては、以前から論争の的になってきた。製薬会社や新薬を早く入手したい患者は、承認プロセスの短縮化を求めている。一方、処置反応について十分な情報が揃わないまま承認されることを危惧する医療研究者や患者は、実際の患者に近い被験者集団を対象に試験を長期間行うよう求めている。コラムニストのアン・アップルバウムは、攻防が繰り返される論争を「新薬承認の振り子現象」と的確に評している。[*8]

承認プロセスの長さに注目が集まるのは、FDAの承認決定の期日を境に、許容される使用量に天と地ほどの差が出るからだ。期日前は、臨床試験で患者のごく一部に投与される。期日後は、承認されれば青天井で使えるが、承認されなければまったく使えない。このため、承認決定日がプロセスの山場になる。

■「完全承認か完全非承認か」の二者択一が選択肢を狭める

完全な承認か完全な非承認かの二者択一の枠組みは、政策の選択肢をやみくもに狭めている。適応的分散の議論をふまえると、**適応的部分承認プロセス**を導入する権限をFDAに与えることがプラスになるのではないか。これは**エビデンスが蓄積するにしたがって、新薬の使用を認める範囲を変えていく**政策である。新薬の効果を示すエビデンスが固まるほど、使用を許可する範囲は拡大されていく。

適応的部分承認によって現行のプロセスがなぜ改善されるのか、その理由を理解するために、承認決定日の前後で新薬の入手可能性が大きく変わることを考えてみよう。承認決定の前は、基本的に患者集団には新薬は手に入らない。臨床試験に参加したうえで、ランダムに被験者に割り当てられてようやく手に入る。社会的厚生の観点から見ると、現行政策と新薬承認の相対的メリットに関する不確実性ははっきりせず、患者全体を現行の処置で据え置くという社会的決定に至るはずである。この決定を固めるには、マキシミン基準に訴え、新薬の最悪のケースを分析し、この最悪のケースが真実であるかのごとくふるまえばいい。あるいは、社会はタイプAのエラーよりもタイプBのエラーを重んじるべきだと主張してもいい。だが、社会がそこまで保守的にふるまうべきだとか、2つのエラーを非対称に扱うべきだとする本質的な理由は存在しない。

社会がタイプAとタイプBのエラーを等しく重んじ、結果としてそれらの潜在的な厚生効果を均衡させたいと考えているとする。こうした処置選択の基準となるのがミニマックス・リグレット基準である。この基準を現行の処置と新たな処置の選択に適用すると、それぞれの処置を患者に割り当てる形で処置を分散するのが最善の方法だと示すことができる。新薬を割り当てる割合は、厚生が上昇する可能性と悪化するリスクを均衡させるべく選択される。

ＦＤＡが処置を直接割り当てる権限を持っているとすれば、５－３節で論じたように、ＡＭＲ基準を導入することができる。当初の既存薬と新薬の割り当ては、新薬の効能についてわかっている情報を反映して決められる。臨床試験のデータが蓄積するにしたがって、それに応じて比率を修正する。最終的に、どちらの薬が最善かがわかる。その時点で、二者択一の承認決定が行われる。

■臨床試験中に新薬の販売ライセンスを認可すべし

ＦＤＡに処置を命じる権限はない。ＦＤＡにできるのは、薬の生産と販売を承認して、使用の上限を決めることだけだ。こうした法的環境の下では、臨床試験を実施している間に、一定期間の販売を認可する権限をＦＤＡに持たせるよう提案したい。新薬の承認を求める企業に、一定期間に上限を定めて販売ライセンスを発行するのだ。

ライセンスの期間は、臨床試験の新たな結果が発表されるスケジュールによる。たとえば、製薬会社が年に1度最新結果をＦＤＡに報告するとすれば、ライセンスの決定も年に1度更新する。毎回、製薬会社に許可する販売量は、現在の新薬承認で使っている機関に似た、専門家で構成される諮問委員会の支援を得てＦＤＡが決定する。諮問委員会の役割は、その時点でわかっている情報をもとに、新薬が厚生を押し上げる可能性と、厚生を損なうリスクを評価することである。

この新たな制度の下では、臨床試験は通常、現在よりも長期化する。場合によってはかなり長期にわたることになろう。理由は、新薬が対象とする集団の健康状態を測り、現在のように代理結果に頼った新薬の評価を減らすためである。対象の結果が観察されたとき、FDAは二者択一の選択をする。新薬の安全性と効能が確認された場合、製薬会社には数量制限なしの販売が許可される。確認できなかった場合は、販売ができなくなる。

現在の環境もそうだが、新たなエビデンスが確認された場合、FDAは認可を見直す権限を保持する。販売開始後の監視が必要になる。対象患者の結果を測定するための臨床試験を長期化しても、新薬が既存薬より優れていると確定するには不十分である可能性があるからだ。現在の臨床試験でもそうだが、試験期間を長くしても、明らかになるのは、自発的に参加し、処置に従い、脱落しなかった被験者の処置反応だけである。さらに、FDAが盲検法の規範を変えないとすれば、患者も医師も処方の中身を知っている実際の臨床現場の処置反応は明らかにならない。

ここで提案した承認プロセスで、適応的分散のメリットのすべてが達成できるわけではない。適応的分散では、患者全体に現行の処置と新たな処置をランダムに割り当てることが求められる。新たなプロセスでは、患者全体の処置反応について観察可能なデータが得られる。現行の臨床試験のデータに、こうしたデータが大幅に加わるわけだが、患者全体にランダム化実験を実施して得られるデータほど参考になるわけではない。

5-6 1人のプランナーではなく、グループで意思決定をする場合

第4章の冒頭で述べたが、部分的な知識に基づく政策立案を研究するのは、たとえ社会が何を求め、何を信じるかについて合意しているときであっても、不確実な世界での政策の選択は微妙なものだからだ。こうした包括的な社会ですら最適な政策を選択できるわけではなく、せいぜい妥当な選択ができるにすぎない。さまざまな政策立案の問題を検証してきたが、これが一般的な問題であることを示している。政策立案の研究が実務に応用されている例をいくつか見てきた。民主社会の公共機関は、処置を割り当てる絶対的な権限は持っていないが、一定の権限を持ち、処置に影響を与えることができる。

この節では、孤立したプランナーの理想から離れ、グループで処置を決定する状況を検討する。

グループのメンバーとしては、民主社会の市民、選挙で選ばれた議会、少数独裁グループなどが考えられる。どんなグループであれ、政策の選好がばらばらであることが、新た

な問題となる。

同質の意思決定集団——メンバーが同じ目的を共有し、政策の結果について同じ期待を持ち、同じ決定基準に基づいて不確実性に対応する集団——は、政策の選択でも同意が得られるだろう。集団的意思決定は、集団を代表する単独のプランナーによる選択と同じことだ。だが、ケネス・アローの有名な**不可能性定理**が明らかにしたように、**グループのメンバーによる政策の選好がばらばらで、どのような選好順位を付けてもよい場合、プランナーに匹敵するような投票制度や非独裁的・集団的意思決定プロセスは存在しない**。[*9]

コンドルセのパラドックス：18世紀のフランスの数理学者コンドルセは、社会選択理論家として、多数決の投票システムを使って、集団的意思決定プロセスの足並みが乱れる可能性を指摘している。政策案が(C、D、E)の3つあり、3人のグループでどれを選択するかを決めるが、3人の選好の順位はばらばらだとする。選好度の高い順に1人目は(C>D>E)、2人目は(D>E>C)、3人目は(E>C>D)である。2つの政策をペアにして比較する。(3人中2人の)過半数は、DよりCを好み、EよりDを好み、CよりEを好んでいる。この結果は、**コンドルセのパラドックス**と呼ばれ、意思決定グループの意見が十分にばらばらなら、多数決ルールでは、社会の選好の順位を明確に決められないことを明らかにしている。つまり、多数決ルールでは、どの政策が社会的に最も好ましいかという問いに答えることはできないのだ。

アローの不可能性定理は、集団的意思決定において一貫性を求めるのは絶望的であることを意味すると解釈されることがある。だが、社会選択理論家は、その後、このニヒルな結論から逃れようと模索してきた。アローの定理は、あらゆる推論がそうであるように、特定の仮定に依拠している。特に、政策の選好がある程度共通していることがなく、てんでんばらばらなグループを想定している。違いの幅を狭めることによって、アローの悲観的な結論を和らげることはできる。以下では、処置を割り当てる状況を例にそのやり方を見ていこう。

■多数決で見られるシンプルな定理とは

奇数のメンバーから成るグループが多数決で集団の処置を選択する意思決定プロセスについて考えてみよう。メンバーを奇数にすることで、同数で決着がつかない可能性は排除される。集団的意思決定の団体は、処置選択を、全員にAかBのうちどちらかを割り当てる二者択一の選択とするのが一般的である。しかし原則的には、議会やほかの意思決定グループは、処置の割り当ての割合を選択することが可能である。

グループの各メンバーが、**単峰型**選好を持っているとする。単峰型では、各決定者がある処置の割り当てを最も選好し、次いでそれから近い順にほかの処置の割り当ての選好を順位付けする。このとき、1948年のブラックによる論文[*10]の**中位投票者定理**は、以下のことを示す。各投票者が最も選好する割り当ての中央値を、最も選好するプランナーが選ぶ割り当て(つまり中央値)が、多数決投票の結果選ばれる。これは中位投票者選好と呼ばれる。

ブラックは処置の割り当て自体を研究したわけではない。代替的な政策が最小派閥から最大派閥へ、あるいは左派から右派へ順位付けされたときの問題の抽象クラスについて検討したのである。処置の割り当てはこのクラスで行われるが、社会選択理論の具体的な研究テーマとなったことはない。研究者は一般的に、最もリベラルから最も保守派に要求される政策に中位投票者定理を適用してきた。

ブラックの結果を理解するため、意思決定者がすべての代替的な処置の割り当てについて、たとえばdとeをペアにし、一対比較して投票することを求められているとする。つまり、母集団のdの割合に処置Bを、残りに処置Aを割り当てる政策もしくは、eの割合に処置Bを、残りに処置Aを割り当てる政策のいずれかに投票する。いずれのケースでも、勝者を決めるのに多数決が使われる。たとえば、意思決定者は、$d=0$対$e=1$、$d=0$

対e＝1／2、d＝1／2対e＝3／4などの割り当て対決のそれぞれに投票するよう求められる。選好が単峰型であれば、中位投票者が選好する割り当てが、すべての投票で勝利する。つまり、すべての代替案で一対比較したとき、過半数を獲得するだろう。その理由は、代替策が何であれ、少なくとも半数の投票者は、中位投票者の割り当てが自分の最も選好する割り当てに近いと感じるからだ。

中位投票者定理は、アローの不可能性定理と矛盾するわけではない。単峰型は許容される政策の選好のクラスを制限するからだ。単峰型選好の人が最も選好する割り当ての位置はさまざまだろう。全員に処置Aを施すのを好む人がいれば、全員に処置Bを施すことを好む人もいるだろうし、それぞれの処置を割り当てたいと思う人もいるだろう。だが、単峰型はある特定の政策選好を許さない。特に、政策の順序付けが決まらない多数決を可能にする選好を許さない。

■多数決ルールでは処置は分散になる

市民や議員、あるいはほかの意思決定団体が、処置の配分に関して単峰型の選好を持っているとの仮定は妥当なのだろうか。これに関して実証データは持ち合わせていないが、この章の前半で見た分析が示唆を与えてくれる。

5－1節で論じた現行の処置と新たな処置の選択を考えてみよう。処置の結果の平均を最大化することを目標にするとしよう。このとき、期待厚生基準、マキシミン基準、ミニマックス・リグレット基準はすべて、単峰型選好を明らかに示す。期待厚生は、全員に同じ処置を割り当てたときに最大になり、割り当てがピークから遠ざかるにつれて期待厚生も減っていく。最小の厚生は、全員に現行の処置を割り当てたときに最大となり（マキシミン、maxmin）、新たな処置の割合が増えるにつれて、厚生は減っていく。最大のリグレットは、ある割合で最小となり（ミニマックス・リグレット）、最も選好される割り当てから遠ざかるほどリグレットは増えていく。

一方で、事後の平等を求める義務論的な選好では、選好が単峰型でないことを示唆している。5－2節で論じたように、事後的な平等を重んじる人は、ほとんどに1つの処置を割り当て、残りに別の処置を割り当てる政策よりも、全員に同じ処置を割り当てる政策を好むだろう。これは、単峰型に反する。

事後的な平等の選好は別にして、全投票者が単峰型の選好を持っているとする。だとすると、中位投票者定理から、多数決投票で全員に同じ処置が割り当てられるのは、過半数の投票者がこの割り当てを最も選好した場合だけである。これ以外は分散になる。

たとえば、投票者の45％が現行の処置を、40％が新たな処置を、15％が処置の分散の割り当てを最も選好しているとする。だとすると、中位投票者は分散を選好する。分散を最も選好する割合が相対的に少なくても、多数決ルールでは分散になる。この結果は直感に反しているように思えるが、魅力的な解釈がある。この例では、最も選好する政策について、投票者の意見の分断は深刻である。単峰型選好では、分散は妥協の産物であり、どの選択肢と一対比較しても、最も支持を得るのである。

■お互いの投票行動が影響し合う場合の処置選択はどうなるか

ここまで意思決定者が自分の最も好む政策に投票すると仮定してきた。この仮定に現実味があるのは、意思決定者が互いに影響を与え合う機会がないときであり、多くの有権者が個別に秘密投票する場合などがこれにあたる。だが、議会など、比較的少数の有権者が公開で投票する場合のように、戦略的相互作用の機会が存在する場合は現実的ではない。

議会などでは、意思決定者が、自分の政策選好どおりに投票しないことが戦略的に有利になると考えることがあり得る。同僚や有権者に影響力を与えようと、信頼性が低いにもかかわらず確実であるかのように主張するのが有利になると考える場合もあるだろう。相反する意見が互いに確実だと主張する事態を避けようと、議会予算局（CBO）のスコアリングのような一般通念上の確実性を高く評価する場合もあるだろう。

戦略的相互作用が議会の処置選択にどのような影響を与え得るかは、あくまで推測することしかできない。2つの対立する力が作用すると考えられる。第一に、信頼性が低くても確実であるかのように戦略的にふるまうことで、分散を抑止する。政策の効果をさも確実だと説く議員は、みずから表明した信条に合わせて、全員に同じ処置を割り当てる政策に投票するはずである。

現行の処置と新たな処置の選択を考えてみよう。議会が全員に現行の処置を割り当てる政策に投票するとすれば、新たな処置反応の実証データは得られないことになる。現行の処置が新たな処置より効果的だとする議会の考えが正しければ、これで問題はないが、信頼できない確実性に基づいて行動しているとすれば問題だ。現状が最善であるという誤った確信があると、社会が真実を学ぶことが妨げられる。

もう一方の力は、戦略的な投票が、異なる政策選好を持つ議員の妥協の手段として、分散的な処置の割り当てを促進すると考える。全員に同じ処置を割り当てる選択肢しかないとき、議会の行動で勝者と敗者ははっきり分かれる。選択肢を広げて分散的な割り当て政策を含めると、「半分でもないよりはまし」というように、議会の目的が部分的に達成できる可能性が開ける。このように登場する分散的割り当ては、不確実性に対応するものではなく、したがって学問上は分散とは区別される。それでも、分散の利点を手に入れることができる可能性がある。

■異なる厚生関数を持つグループは、学習すれど合意は形成されない

今度は複数期間にまたがる割り当ての問題を検討しよう。プランナーがそうであるように、意思決定に投票制度を使う集団も、処置反応について経験から学ぶ。だが、これは、ばらばらな政策選好が時間の経過とともに収束することを意味するわけではない。予想の違いから政策の合意ができていない場合、学習によって合意が促進されるが、厚生関数の違いから合意ができていない場合は、対立が激化する可能性がある。2つの極端なシナリオを考えてみるとはっきりする。

まず、意思決定グループのメンバー全員が同じ厚生関数を持ち、同じ意思決定基準を使うが、政策効果に関する予想が異なるシナリオを考える。このとき、予想の違いを反映して、政策の選好は異なると考えられる。だが、処置反応について学習すれば、予想が収斂して、政策選好についてもいずれ合意ができるはずだ。

今度は、意思決定のグループのメンバーの予想が同じで、同じ意思決定基準を使うが、異なる厚生関数に基づいて政策効果を評価するとする。だとすれば、学習しても合意は形成されない。むしろ情報がないなかで合意していたことが、政策効果が明らかになると激

しい対立に変わる。

ロールズによる1971年の著書[*11]では、こうした現象の顕著な例を、ハーサニによる1953年の論文[*12]で提案している**無知のベール**を応用して論じている。ロールズは、自己中心的な社会のメンバーが、無知のベールのもとに所得分布を共同で選択しなければならないとすれば、つまり、所得分布における自分の相対的な位置を知らずに、所得分布を選択しなければならないとすれば、全員が均等な所得分布を選好するだろうと推測している。一方、所得分布における自分の相対的位置がわかっていて、所得分布を共同で選択しなければならないとすれば、激しく対立するだろうと推測している。各人の政策選好は、所得分布における自分の位置に依存する。特に各人が最も選好するのは、社会的所得が自分自身と自分より上位の人たちに均等に配分され、自分より下位の人たちには何も配分されない分布である。

ロールズのシナリオは、政策効果について情報を持っている社会が、必ずしもまとまりのある社会にはならないことを警告している。だが、だからといって情報は危険であるという正反対の結論を導くのは非論理的である。ロールズから引き出すべき適切な教訓は、政策選好が異なる原因は何なのかが重要だということだ。予想の違いから政策が合意されないときは、学習によって合意を形成できる。だが、そもそも目指すものの違いから政策が合意されていないときには、対立は激しくなる可能性があるのだ。

■2人での意思決定では多数決は使えない

多数決投票を取り上げた際、メンバーが奇数の集団の意思決定について考えた。奇数にすることで、同数票の場合の選択をどうするのかという問いを避けられた。大勢の集団では票が同数になることは滅多にないので、メンバーの数が偶数であっても同数の問題はあまり注目されない。だが、これは、2人のメンバーが意思決定を行う、二者間交渉の本質である。二者の場合、投票では合意するか賛否同数になるか、どちらかしかない。このため二者間交渉では、多数決投票は有用な意思決定プロセスにはならない。

■二者間では必ずしも「最適」な意思決定をするとは限らない

ゲーム理論は、二者間交渉の結果の予測は原理的に難しく、実証研究も一筋縄にはいかないことを示している。だが、**部分最適**という概念を使って、信頼性があり参考になる部分予測をすることはできる。

集団的意思決定プロセスは、コンセンサスを尊重する場合、パレート最適であるといわれる(イタリア初期の経済学者ヴィルフレード・パレートにちなんで名付けられた)。つまり、意思決定集団全体が政策Dより政策Cが好ましいことで合意すれば、意思決定プロセスでDよりCが選択される。集団のメンバー全員に選好されるほかの政策が存在しないのであれば、この政策はパレート最適である。すなわち、政策のパレート最適性とは、支配型であるということだ。単独のプランナーについて検討する際、意思決定理論では、あらゆる自然状態で優れた政策がほかに存在しない場合、政策は支配されないとみなす。パレート最適な政策は、グループのメンバー全員が選好する政策がほかに存在しないという違った意味で、支配されない。

社会選択理論や実証研究では、グループがどのような意思決定をしようとも、パレート最適な政策を選択すると想定することがままある。その理由として、グループが何をしようとも、全員をいまより悪くするような政策を選択するわけがないと考えられるからだ。この理屈は無害とはいえない。2人のプレイヤーによるゲームで有名な**囚人のジレンマ**の標準的なゲーム理論では、パレート劣位の結果を予想する。にもかかわらず、理論研究者や実証研究者は、二者間交渉ではパレート最適な結果が優勢になるとの仮定が信頼できると考えるのが主流である。

こうした背景を頭に入れながら、処置の割り当てに関する二者間交渉について、双方の配分の選好が単峰型だと想定して考えてみる。だとすると、パレート最適な配分は、双方の最も選好する配分を結んだ区間内に存在する。たとえば、処置Bの配分比率について、一方の当事者は30%、もう一方の当事者は40%が望ましいと考えているとする。ここで、配分比率20%、35%、50%を考える。双方とも20%よりも30%を選好し、50%よりも40%を選好する。一方、双方が35%よりも選好する選択肢は存在しない。このため35%はパレート最適な配分で、20%と50%はパレート最適ではないことになる。

■二者間で最適な意思決定を目指す

マンスキーによる2009年の論文[*2]では、双方が単峰型選好を持つ場合にパレート最適な割り当ての選択を促す意思決定プロセスを提案した。現行の処置と最新の処置のどちらかを選択する状況を考える。プロセスでは最初に2人の当事者それぞれが最も選好する配分を公表するよう求める。その上で、2つのルールのどちらかを使って配分を選択する。

ルール1は、現行の処置を優先することを表明し、現行の処置をより多くの人に割り当てるような公表配分を選択する。ルール2では、最新の処置を優先することを表明し、最新の処置をより多くの人に割り当てるような公表配分を選択する。私は、2つのルールもそれぞれどちらも**インセンティブ両立的**であることを示した。つまり、どちらのルールもそれぞれの意思決定者が、自身の政策選好を考え、相手の意向に関係なく、自身が最も選好する配分を正直に明らかにすることを促す。

現行の処置優先でも、最新の処置優先でも、パレート最適でインセンティブ両立的な意思決定プロセスが生まれるが、その学習効果は違ったものになる。2人の意思決定者がともに分散的な割り当てを最も選好する場合は、どちらのプロセスでも分散的割り当てになり、したがって、最新の処置のもとでの政策効果に関するデータは得られる。だが、どちらかが全員に現行の処置を割り当てることを最も選好する場合、最新の処置優先の場合のみデータを収集できる。現状優先の場合では、最新の処置を割り当てられる人は誰もいないため、最新の処置に関するデータを収集する機会はない。

■ニューヨーク市の教員をどう評価するか

二者間交渉の具体例として、教員の評価について現行の政策か新たな政策を選択する状況を考えてみよう。ここでの二者は、市当局と教員組合である。現行の制度は伝統的なもので、授業の準備や実際の授業の進め方に基づいて教員を評価する。新たな制度では、生徒の標準テストの成績で評価する。市当局と教員組合の協定で、現行制度を変更するには両者の合意が必要である。

こうした教員の評価制度にかかわる問題の一端が、ニューヨーク・タイムズ紙で報じられている。*13

ニューヨーク市は大胆な実験に乗り出した。まだ公表されていないが、2500人あまりの教員は、担任する生徒の年1回の標準テストの成績で評価されている。……当局はデータをどう使うかを決めるのは時期尚早だと語るが、すでにデータは収集されており、教員の任期決定や人事考課、ボーナスなどの査定項目として使われる可能性があるという。……教員組合のランディ・ウェインガーテン委員長は、このプロジェクトに重大な懸念を抱いており、ニューヨーク市がこのデータを任期や正式な評価に使うのはもちろん、公表しようとするなら、断固戦うと述べている。現在の協定の下で、こうした動きが許されるのかどうか、組合委員長とニューヨーク市の見解は分かれている。

つまりニューヨーク市は、教員の評価に使われる可能性のあるデータを一方的に収集していたわけだ。検討されている現行制度の改定は、本書で定義した分散的な割り当てとは異なる。参加校がニューヨーク市内の学校のなかからランダムに抽出されたわけではないからだ。この違いを別にすると、ニューヨーク市が検討した割り当ては分散的で、教員全体の約10％に新たな評価制度を割り当てていた。

ニューヨーク市は、新たな政策を一方的に導入する権限を持つ単独のプランナーを自任していたようだ。だが、教員組合は、現行の制度を少しでも変更する場合は同意が必要だと主張する。ニューヨーク・タイムズ紙は、一方的に事を進めようとする市当局のやり方は「間違いなく教員組合との法廷闘争に発展するだろう」と報じている。

新たな制度の導入には、市当局と組合の同意が必要だとしよう。最初の枠組み同様、交渉で検討する選択肢は、全教員を現行制度に割り当てるか、10％の教員を新制度に割り当てるかの2つしかない。私の分析では、最初に市当局と教員組合がそれぞれ選好する割り当てを公表すると、公表された割り当てのうち、少ないほうが選択されることになる。

ニューヨーク市当局が分散的割り当てを検討したという事実から、曖昧な状況下の処置選択の問題に直面していることを当局自体が認識していることがうかがえる。教員組合の認識はわからない。市当局の一方的な決定に反対する以外に、選好を表明する手段がないからだ。

教員組合は現行制度が新たな制度より優れていると確信しているかもしれない。だとすれば、現行優先のインセンティブ両立的な意思決定で、現状が維持されることになる。だが、教員組合、市当局双方がある程度足並みを揃え、処置を分散して、学習することを選好する可能性はある。インセンティブ両立的なプロセスであれば、適応的分散の導入の交渉を通して、それが可能になる。

5-7 自由放任主義下での処置選択

この章を締めくくるにあたり、プランニングの代替案として自由放任主義(レッセ・フェール)の処置選択を検討しよう。レッセ・フェール、つまり、処置を受ける当人が処置を選択するほうが、プランナーによる選択よりも高い厚生を生み出す環境とは、どのようなものなのか。これを特徴付けることは、公共経済学の長年のテーマとなってきた。レッセ・フェールを支持する議論は、結果主義の厚生経済学を、民間の意思決定の義務論的な選好と結び付けることがあるが、私は純粋に結果主義の観点から、この問題にアプローチする。

公共の目的と民間の目的がかけ離れているとき、レッセ・フェールは意味をなさない。犯罪者に自分の刑を決めさせたいとは思わないし、家計に自身の所得税表を選択させたいとも思わない。公共と民間の目的がそれなりに一致していれば、レッセ・フェールは魅力的である。レッセ・フェールを支持する議論が最も説得力を持つのは、処置反応が個人ごとで、社会の目標が功利主義的な厚生を最大化する場合である。このとき、プランニングとレッセ・フェールの相対的なメリットは、共通目標を達成するうえでの社会と個人の相対的な有効性に依存する。

レッセ・フェールを支持する標準的な経済学の議論では、2つの仮定を組み合わせる。第一に、個人は自身の処置反応についてプランナーよりよく知っている。したがって、意思決定の際に、個人はプランナーよりもみずからプロファイリングする(属性に応じて適した処置を与える)ことが得意である。第二に、個人は合理的期待を持っている。これらの仮定を組み合わせると、個人はプランナーよりも優れた処置の選択ができることになる。

経済学者は一般的にこうした仮定を課しているが、それが現実的である証拠を提示していない。個人が実際にプランナーより自身の処置反応について詳しく知っているのだろうか。たとえば、患者が医師より治療の反応について知っているだろうか。医療でもほかの分野でもそうだが、個人とプランナーの処置反応についての知識は重なっている部分もあるが、入れ子にはなっていないと考えるのが理に適っているだろう。

個人は合理的期待を持っているのだろうか。つまり、観察可能な属性を共有する人たちの処置反応の分布を知っているのだろうか。第3章で強調したように、プランナーと同様に個人も処置反応を把握しようとする際、推定の難しさという問題に直面する。そのため、個人もプランナーも同じように、部分的な知識をもとに処置を選択する。個人が心理的、認知的限界という重荷を負っているとすれば、その期待は合理的期待からほど遠いのではないだろうか。

要約すれば、個人はプランナーより情報を持っているのだからよりよい決定ができるという広く流布する主張には、懐疑的であるべきということだ。もちろん、だからといって、プランニングがレッセ・フェールよりも有効であることを意味するわけではない。プランニングとレッセ・フェールの相対的なメリットは、選択問題の内容に依存する。不確実性に満ちた世界で、プランニングとレッセ・フェールの相対的なメリットについて一般的な結論を引き出すのは、そもそも無理があるのではないだろうか。

■自由放任主義下では経験から学び、イノベーションが普及する経路が複雑

レッセ・フェールの一般的な結論を引き出すことはできないかもしれないが、処置選択の問題の特定のクラスについては、研究を進化させることはできる。具体例として、レッセ・フェールの選択に関する私の理論研究を紹介しよう。処置反応について部分的な知識を持つ人たちの集団(コーホート)が、次々に現行の処置か新たな処置を選択するシナリオを考える。[*14~15]

社会科学者はかねて、個人がどのように新たな処置について学び、選択するのかを理解しようと努めてきた。想定される共通のシナリオの当初条件では、現行の処置しか手に入らない。個人は経験から、この処置に対する反応を知る。ある時点で新たな処置が手に入るが、その効果はわからない。これ以降、個人の集まりであるコーホートが連続的に、現行の処置か新たな処置かを選択する。後のコーホートは、前のコーホートの経験を観察し、学習する。このダイナミックなプロセスを、私は**個人的経験に基づく社会的学習**と名付けた。

新たな処置を選択する割合は時を追うごとにS字型で増加する、つまり当初は緩やかに、その後、急激に増え、最終的に上限で横ばいとなるという推測がしばしばなされており、実際にそう観察されることもある。*16 だが、新たな処置の導入のダイナミクスは、S字型に限るわけではない。新たな処置を選択する個人の比率が最初は高く、時とともに低下する場合もあれば、単調な経過をたどらない場合もある。私の分析では、レッセ・フェールの学習では、新たな処置の導入が複雑な経路をたどる可能性が明らかになった。

個人は特定の時点で処置を選択しなければならず、いったん決めた選択は変えられないと想定した。そのため、**経験による学習**(ラーニング・バイ・ドゥーイング)はできず、実証データが積み上がるまで意思決定を待つこともできない。この単純化した仮定は、各人はあらかじめ決められた情報をもとに単独で選択問題と向き合うことを意味している。つまり、ダイナミクスは、連続したコーホートの社会的学習のプロセスから純粋に生まれることになる。個人自体が、ダイナミックな選択問題に直面しているわけではない。

連続したコーホートは同じ処置反応分布を持ち、その事実を知っていると仮定した。これは、5－3節で適応的分散を検討したときの不変の仮定と同じである。実証データが時を追うごとに積み上がり、連続する各コーホートは、後になるほど長くなる過去の経験の履歴から推定することができる。さらに、各人は新たな処置に対する反応に関する事前知識はなく、前のコーホートの意思決定プロセスについても知らないと仮定した。前のコーホートが選択した処置と、経験した結果を観察するだけである。

学習に関して基本的にわかったのは、時を追って実証データが蓄積していくにつれ、可能な自然状態の集合、すなわち、新たな処置の下での結果のあり得る分布の集合が段階的に狭まっていくということである。つまり学習は、曖昧さを段階的に減らすプロセスなのである。特に大きな関心を集める問題が、**終端情報状態**を特徴付けることである。学習によって最終的に新たな処置に対する反応の完全な知識が手に入るのだろうか。答えは一般的に否とされる。つまり、レッセ・フェールでは、確実性が得られる前に学習が止まるのだ。

処置反応について基本的にわかったのは、連続したコーホートは、社会的学習によって支配されない行動の集合を狭め、この意味で意思決定が改善されるということである。個人が支配されない行動のなかからどう選択するかについては、私は立場を明確にしなかった。代わりに、個人がいくつかの意思決定基準を使うという前提で、学習と処置選択のダイナミクスを分析した。

各人が支配されない行動から選択する際のやり方は、社会学習のプロセスに大きな影響を与え得ることがわかった。個人が悲観的に行動し、マキシミン基準を使うとすれば、新たな処置の導入率は時とともに上昇するが、徐々に定常状態に収束し、最適水準を下回る導入率となる。個人が楽観的に行動し、あり得る最悪の結果ではなくあり得る最高の結果を最大化する行動を選択するとすれば、新たな処置の導入率は最初から高く、急激に低下し、最適を上回る水準で定常状態に達する。

■プランニングのほうが自由放任主義より厚生が高くなる

マンスキーによる2004年と2005年の論文[*14〜15]の設定では、一般的にプランニングのほうが、レッセ・フェールの処置選択よりも高い功利主義型厚生を生み出す。その理由は、プランナーなら処置の適応的分散が可能であり、ランダム化実験を実施し、最終的に新たな処置の反応の完全な知識が手に入るからだ。これに対し、個人が自分自身で処置選択を行うレッセ・フェールの場合、前のコーホートの選択と実現結果を観察した研究から推論しなければならない。前のコーホートの意思決定プロセスがわかっているわけではなく、新たな処置に対する反応を部分的にしか知ることができない。

幅広い教訓を公共経済学の言葉で語るとすれば、学習は公共財であるといえるだろう。プランナーは、ランダム化実験を実施する権限を持ち、それにより学習を最大化し最終的に最適な処置選択を可能にする。個人は自分の処置選択が将来世代に与える影響を考慮するわけではない。そのため、レッセ・フェールでは学習効果は少なくなるのである。

第6章

データ分析の「消費者」へ

政策分析の重要な目的は、意思決定の際に有用な情報を提供することである。本書の第I部では、政策分析の実際を概観し、研究者が直面する推論の問題を検討した。一般的に信頼できる分析は、政策効果を点ではなく区間で予測すると論じた。第II部では、単独のプランナーまたは意思決定集団が部分的な知識をもとに政策を選択する妥当な方法を検討した。この最終章では、第I部と第II部をつなぐ考え方を手短に紹介して締めくくりとしよう。

■確実だと主張する政策分析は疑うべき

現代民主社会では、政策の分析と意思決定を制度的に分離し、専門のアナリストが分析結果を民の代表である政府に報告する形をとっている。分析結果を政策の意思決定に活かすことを目的としつつ、分析と意思決定を分離していることは、分業の観点からも利点が多いように見える。すべてに専門性を発揮できる人はいない。原則として、専門のアナリストから政策効果の予測の提供を受けることで、意思決定者である議員や官僚は、みずから調査することなく、不確実な世界における政策の選択という難題に取り組むことができる。

だが、現在行われている政策分析は、あまり意思決定者の役に立っていない。問題は、政策分析を使う側が分析する側を信用できない点にある。第1章では、ピア・レビューだけでは政策分析のロジックが正しいとは言えず、信頼性が不足していると注意を促した。この問題を軽減するために、**政策分析を報じるジャーナリストは、アナリストが分析結果について不確実性があることを表明しているのか否か、どのように表明しているのかを吟味し、あたかも確実であるかのように主張されている分析結果については疑ってかかるべきだ**と述べた。この注意と助言は、政策分析に目を通すすべての人に送りたい。

第2章では、信頼が欠如するなか、政策分析を使う側は、予測手法を十分に知って、公表された結果がどれだけ信頼できるかを評価しなければならないことを見た。そこで第2章と第3章では、政策効果を予測するうえで推論の難しさを明らかにし、一般的な分析手法を詳しく解説した。現在の環境で政策の立案にたずさわる議員、官僚、一般市民には、ここまで苦心して述べてきた政策分析の基本をぜひとも理解してもらいたい。

「信頼できない確実性」をともなった政策分析の危険性については、政策立案に関心のある人は誰しも念頭に置いておくべきだ。第一に、「信頼できない確実性」をともなったプランニングは社会的厚生の最大化を目指すが、それは**実際の**社会的厚生ではなく、根拠が薄弱な仮定を置いたときに成り立つ社会的厚生である。第二に、「信頼できない確実性」は、不確実性を扱う手段として政策を分散する価値を認識できない。第三に、「信頼できない確実性」は、政策効果について学習する新たな研究を妨げる。

■新たな処置にだけでも、区間予測を提供できないか

確実性を疑ってかかるよう促し、推定の問題の認知度を上げることは重要だが、それだけでは十分ではない。政策分析を使う側は、受け取った分析結果をどう解釈すべきかという問題に直面する。第1章では例として、議会スタッフのスコット・リリーの「あらゆる政策分析は主義主張の産物とみるのが賢明であり、著者のバイアスを割り引いた範囲内で学ぶことができる」という言葉を紹介した。リリーが公表された分析結果に懐疑的なのはいいことだが、それでも、それぞれの分析結果が示す方向性と、バイアスを差し引いた規模を推定しなければならない。

議会予算局（CBO）分析に精通している経済学者は、スコアはあくまで推定にすぎな

いことを意識しているという。そうはいっても、発表されたスコアを解釈しなくてはならない。CBOの点予測は、発表されない信頼できる区間予測の中点だと受け止めるべきだろうか。たとえば、2010年3月、大型の医療改革法案成立後に財政赤字が1380億ドル減少するとの予測が発表されたが、この点予測は区間予測の中点として受け止めていいのだろうか。その場合の区間の幅は100億ドルだろうか、1000億ドルだろうか、それとも1兆ドルなのだろうか。

政策分析を使う側に点予測の解釈を委ねるのではなく、アナリストは信頼できる区間予測を提供できないのだろうか。こうした考えは甘く実務的でない、あるいは始末におえないと捉える向きがあるのは承知している。第1章で、同僚の計量経済学者ジェリー・ハウスマンからかけられた言葉を引用した。「クライアントにバウンドを示すわけにはいかない。クライアントが求めているのは点だ」と。CBOが点ではなく区間で予測を示した場合、議会はおおいに不満を持つだろうというCBOの元局長ダグラス・ホルツ・イーキンの見方を紹介した。また、政策アナリストからは「政治家は心理的にそうしたくないのか、認知能力のせいなのかわからないが、不確実性を扱えない」と何度となく聞かされた。こうした見方をするアナリストは、確実性に関してそのようにふるまう傾向がある。

アナリストが現行のように信頼できないのに確実であるかのように点予測を示すのでは

なく、信頼できる区間予測を示せば、よりよい政策決定につながるかどうかは、私には確信が持てない。必ずよい政策決定につながるなどと主張すると、私も信頼できない確実性の共犯者になってしまう。それだけは避けたい。私としては、本書の教訓を政策分析自体に適用してもらいたい。

点予測という現在のやり方は現行の処置、信頼できる区間予測の提供は新たな処置（イノベーション）、目標とする結果を政策決定の質だと考える。現行の処置と新たな処置の相対的なメリットについて、社会はほとんど知らない。この不確実性に対処し、どのタイプの政策分析が最も効果的かを把握するには、社会は異なる設定でそれぞれの政策分析を活用し、適応的分散の戦略を実行することが必要だ。

Do?" In *Evaluating Welfare and Training Programs*, ed. C. Manski and I. Garfinkel, 25-75. Cambridge, MA: Harvard University Press.

＊7 Fishman, M., and D. Weinberg. 1992. "The Role of Evaluation in State Welfare Reform Waiver Demonstrations." In *Evaluating Welfare and Training Programs*, ed. C. Manski and I. Garfinkel, 115-142. Cambridge, MA: Harvard University Press.

＊8 Applebaum, A. 2005. "The Drug Approval Pendulum." *Washington Post*, April 13, p. A17.

＊9 Arrow, K. 1951. *Social Choice and Individual Values*. New York: Wiley.

＊10 Black, D. 1948. "On the Rationale of Group Decision-Making." *Journal of Political Economy* 56: 23-34.

＊11 Rawls, J. 1971. *A Theory of Justice*. Cambridge, MA: Belknap Press of Harvard University Press.

＊12 Harsanyi, J. 1953. "Cardinal Utility in Welfare Economics and in the Theory of Risk-Taking." *Journal of Political Economy* 61: 434-435.

＊13 Medina, J. 2008. "New York Measuring Teachers by Test Score." *New York Times*, January 21.

＊14 Manski C. 2004b. "Social Learning from Private Experiences: The Dynamics of the Selection Problem." *Review of Economic Studies* 71: 443-458.

＊15 Manski C. 2005b. "Social Learning and the Adoption of Innovations." In *The Economy as an Evolving Complex System III*, ed. L. Blume and S. Durlauf. Oxford: Oxford University Press.

＊16 たとえば、Griliches, Z. 1957. "Hybrid Corn: An Exploration in the Economics of Technological Change." *Econometrica* 25: 501-522.

補論C

＊1 Manski C. 2009. "Diversified Treatment under Ambiguity." *International Economic Review* 50 :1013-041.

＊2 Manski C. 2007a. *Identification for Prediction and Decision*. Cambridge, MA: Harvard University Press.

＊3 Manski C. 2009. "Diversified Treatment under Ambiguity." *International Economic Review* 50 :1013-041.

*11 Patel R., I. Longini, and E. Halloran. 2005. "Finding Optimal Vaccination Strategies for Pandemic Influenza Using Genetic Algorithms." *Journal of Theoretical Biology* 234: 201-212.

*12 Brito D., E. Sheshinski, and M. Intriligator. 1991. "Externalities and Compulsory Vaccinations." *Journal of Public Economics* 45: 69-90.

*13 Ball F., and O. Lyne. 2002. "Optimal Vaccination Policies for Stochastic Epidemics among a Population of Households." *Mathematical Biosciences* 177&178: 333-354.

*14 Hill, A., and I. Longini. 2003. "The Critical Vaccination Fraction for Heterogeneous Epidemic Models." *Mathematical Biosciences* 181: 85-106.

*15 Manski C. 1997b. "Monotone Treatment Response." *Econometrica* 65: 1311-1334.

*16 Wald A. 1950. *Statistical Decision Functions*. New York: Wiley.

*17 Savage L. 1951. "The Theory of Statistical Decision." *Journal of the American Statistical Association* 46: 55-67.

*18 Savage L. 1954. *The Foundations of Statistics*, New York: Wiley.

*19 Binmore K. 2009. *Rational Decisions*. Princeton, NJ: Princeton University Press.

*20 Manski C. 2011d. "Actualist Rationality." *Theory and Decision* 71: 195-210.

*21 Tversky, A., and D. Kahneman. 1974. "Judgment under Uncertainty: Heuristics and Biases." *Science* 185: 1124–1131.

*22 Berger J. 1985. *Statistical Decision Theory and Bayesian Analysis*. New York: Springer-Verlag.

第5章

*1 Manski C. 2007a. *Identification for Prediction and Decision*. Cambridge, MA: Harvard University Press.

*2 Manski C. 2009. "Diversified Treatment under Ambiguity." *International Economic Review* 50 :1013-041.

*3 Fleming, T., and D. Demets. 1996. "Surrogate End Points in Clinical Trials: Are We Being Misled?" *Annals of Internal Medicine* 125: 605-613.

*4 Psaty, B. et al. 1999. "Surrogate End Points, Health Outcomes, and the Drug-Approval Process for the Treatment of Risk Factors for Cardiovascular Disease." *Journal of the American Medical Association* 282: 786-790.

*5 Roosevelt, T. 1912. Introduction to C. McCarthy, *The Wisconsin Idea*. New York: McMillan.

*6 Greenberg, D., and M. Wiseman. 1992. "What Did the OBRA Demonstrations

*33 Tversky, A., and D. Kahneman. 1981. "The Framing of Decisions and the Psychology of Choice." *Science* 211: 453-458.

*34 Tversky, A., and D. Kahneman. 1986. "Rational Choice and the Framing of Decisions." *Journal of Business* 59: S251-S278.

*35 Shanteau, J. 1989. "Cognitive Heuristics and Biases in Behavioral Auditing: Review, Comments, and Observations." *Accounting, Organizations and Society* 14: 165-177.

*36 Stanovich, K., and R. West. 2000. "Individual Differences in Reasoning: Implications for the Rationality Debate?" *Behavioral and Brain Sciences* 23: 645-726.

*37 Kühberger, A. 2002. "The Rationality of Risky Decisions." *Theory and Psychology* 12: 427-452.

*38 Lopes, L. 1991. "The Rhetoric of Irrationality." *Theory and Psychology* 1: 65-82.

*39 Kahneman, D., and Tversky, A., 1982. "On the Study of Statistical Intuitions." *Cognition*, 11, 123-141.

第4章

*1 Manski C. 2007a. *Identification for Prediction and Decision*. Cambridge, MA: Harvard University Press.

*2 Mirrlees J. 1971. "An Exploration in the Theory of Optimal Income Taxation." *Review of Economic Studies* 38: 175-208.

*3 Ellsberg, D. 1961. "Risk, Ambiguity, and the Savage Axioms." *Quarterly Journal of Economics* 75: 643-669.

*4 Keynes J. 1921. *A Treatise on Probability*. London: Macmillan.

*5 Knight F. 1921. *Risk, Uncertainty, and Profit*. Boston: Houghton Mifflin.

*6 Manski C. 2006. "Search Profiling with Partial Knowledge of Deterrence." *Economic Journal* 116: F385–F401.

*7 Knowles, J., N. Persico, and P. Todd. 2001. "Racial Bias in Motor Vehicle Searches: Theory and Evidence." *Journal of Political Economy* 109: 203-229.

*8 Persico, N. 2002. "Racial Profiling, Fairness, and the Effectiveness of Policing." *American Economic Review* 92: 1472-1497.

*9 Dominitz, J. 2003. "How Do the Laws of Probability Constrain Legislative and Judicial Efforts to Stop Racial Profiling?" *American Law and Economics Review* 5: 412-432.

*10 Manski C. 2010. "Vaccination with Partial Knowledge of External Effectiveness." *Proceedings of the National Academy of Sciences* 107: 3953-3960.

Press.

*16 Thurstone, L. 1927. "A Law of Comparative Judgment." *Psychological Review* 34: 273-286.

*17 Luce, R., and P. Suppes. 1965. "Preference, Utility, and Subjective Probability." In *Handbook of Mathematical Psychology*, vol. 3, ed. R. Luce, R. Bush, and E. Galanter. New York: Wiley.

*18 Manski, C., and D. Wise. 1983. *College Choice in America*. Cambridge, MA: Harvard University Press.

*19 Manski C. 2007a. *Identification for Prediction and Decision*. Cambridge, MA: Harvard University Press.

*20 Manski C. 2007b. "Partial Identification of Counterfactual Choice Probabilities." *International Economic Review* 48: 1393-1410.

*21 Manski C. 1993. "Adolescent Econometricians: How Do Youth Infer the Returnsto Schooling?" In *Studies of Supply and Demand in Higher Education*, ed. C. Clotfelter and M. Rothschild, 43-57. Chicago: University of Chicago Press.

*22 Becker, G. 1968. "Crime and Punishment: An Economic Approach." *Journal of Political Economy* 76: 169-217.

*23 Committee on Deterrence and the Death Penalty, National Research Council. 2012. *Deterrence and the Death Penalty*. Washington, DC: National Academies Press.

*24 Manski C. 2004a. "Measuring Expectations." *Econometrica* 72: 1329-1376.

*25 Hurd, M. 2009. "Subjective Probabilities in Household Surveys." *Annual Review of Economics* 1: 543-564.

*26 Delavande, A., X. Giné, and D. McKenzie. 2011. "Measuring Subjective Expectations in Developing Countries: A Critical Review and New Evidence." *Journal of Development Economics* 94: 151–163.

*27 Delavande, A. 2008. "Pill, Patch, or Shot? Subjective Expectations and Birth Control Choice." *International Economic Review* 49: 999-1042.

*28 Friedman, M., and L. Savage. 1948. "The Utility Analysis of Choices Involving Risk." *Journal of Political Economy* 56: 279-304.

*29 Friedman, M. 1953. *Essays in Positive Economics*. Chicago: University of Chicago Press.

*30 Simon, H. 1955. "A Behavioral Model of Rational Choice." *Quarterly Journal of Economics* 69: 99-118.

*31 Tversky, A., and D. Kahneman. 1974. "Judgment under Uncertainty: Heuristics and Biases." *Science* 185: 1124–1131.

*32 Kahneman, D., and A. Tversky. 1979. "Prospect Theory: An Analysis of Decision under Risk." *Econometrica* 47: 263-291.

第3章

*1 Samuelson, P. 1938. "A Note on the Pure Theory of Consumer Behavior." *Economica* 5: 61-71.

*2 Samuelson, P. 1948. "Consumption Theory in Terms of Revealed Preferences." *Economica* 15: 243-253.

*3 Stern, N. 1986. "On the Specification of Labour Supply Functions." In *Unemployment, Search and Labour Supply*, ed. R. Blundell and I. Walker, 143-189. Cambridge: Cambridge University Press.

*4 Robbins, L. 1930. "On the Elasticity of Demand for Income in Terms of Effort." *Economica* 29: 123-129.

*5 Burtless, G., and J. Hausman. 1978. "The Effect of Taxation on Labor Supply: Evaluating the Gary Negative Income Tax Experiment." *Journal of Political Economy* 86: 1103-1130.

*6 Pencavel, J. 1986. "Labor Supply of Men: A Survey." In *Handbook of Labor Economics*, vol. 1, ed. O. Ashenfelter and R. Layard, 3-102. Amsterdam: North-Holland.

*7 Killingsworth, M., and J. Heckman. 1986. "Female Labor Supply: A Survey." In *Handbook of Labor Economics*, vol. 1, ed. O. Ashenfelter and R. Layard, 103-204. Amsterdam: North-Holland.

*8 Blundell, R., and T. MaCurdy. 1999. "Labor Supply: A Review of Alternative Approaches." In *Handbook of Labor Economics*, vol. 3, ed. O. Ashenfelter and D. Card, 1559-1695. Amsterdam: Elsevier.

*9 Meghir, C., and D. Phillips. 2010. "Labour Supply and Taxes." In *Dimensions of Tax Design: The Mirrlees Review*, ed. T. Besley, R. Blundell, M. Gammie, and J. Poterba, 202-274. Oxford: Oxford University Press.

*10 Keane, M. 2011. "Labor Supply and Taxes: A Survey." *Journal of Economic Literature* 49: 961-1075.

*11 Saez, E., J. Slemrod, and S. Giertz. 2012. "The Elasticity of Taxable Income with Respect to Marginal Tax Rates: A Critical Review." *Journal of Economic Literature*, 50: 3-50.

*12 Congressional Budget Office. 1996. "Labor Supply and Taxes." Memorandum. http://www.cbo.gov/ftpdocs/33xx/doc3372/labormkts.pdf.

*13 Congressional Budget Office. 2007. "The Effect of Tax Changes on Labor Supply in CBO's Microsimulation Tax Model." Background paper. http://www.cbo.gov/ftpdocs/79xx/doc7996/04-12-LaborSupply.pdf.

*14 Manski C. 2012. "Identification of Preferences and Evaluation of Income Tax Policy." National Bureau of Economic Research Working Paper w17755.

*15 McFadden, D. 1974. "Conditional Logit Analysis of Qualitative Choice Behavior." In *Frontiers in Econometrics*, ed. P. Zarembka. New York: Academic

*19 Coyle, S., R. Boruch, and C. Turner, eds. 1991. *Evaluating AIDS Prevention Programs*. Washington, DC: National Academy Press.

*20 Hotz, J. 1992. "Designing an Evaluation of the Job Training Partnership Act." In *Evaluating Welfare and Training Programs*, ed. C. Manski and I. Garfinkel. Cambridge, MA: Harvard University Press.

*21 Manski C. 2007a. *Identification for Prediction and Decision*. Cambridge, MA: Harvard University Press.

*22 Dubin, J., and D. Rivers. 1993. "Experimental Estimates of the Impact of Wage Subsidies." *Journal of Econometrics* 56: 219-242.

*23 Woodbury, S., and R. Spiegelman. 1987. "Bonuses to Workers and Employers to Reduce Unemployment: Randomized Trials in Illinois." *American Economic Review* 77: 513-530.

*24 Manski C. 1997a. "The Mixing Problem in Programme Evaluation." *Review of Economic Studies* 64: 537-553.

*25 Campbell, D., and J. Stanley. 1963. *Experimental and Quasi-Experimental Designs for Research*. Chicago: Rand McNally.

*26 Gueron, J., and E. Pauly. 1991. *From Welfare to Work*. New York: Russell Sage Foundation.

*27 Smith, D., and R. Paternoster. 1990. "Formal Processing and Future Delinquency: Deviance Amplification as Selection Artifact." *Law and Society Review* 24: 1109-1131.

*28 Heckman, J., and C. Taber. 2008. "Roy Model." *The New Palgrave Dictionary of Economics*. 2nd ed. Ed. S. Durlauf and L. Blume. London: Palgrave Macmillan.

*29 Roy, A. 1951. "Some Thoughts on the Distribution of Earnings." *Oxford Economic Papers* 3: 135-146.

*30 Thistlethwaite, D., and D. Campbell. 1960. "Regression-Discontinuity Analysis: An Alternative to the Ex-Post Facto Experiment." *Journal of Educational Psychology* 51: 309-317.

*31 Angrist, J., and A. Krueger. 1991. "Does Compulsory School Attendance Affect Schooling and Earnings." *Quarterly Journal of Economics* 106: 979-1014.

*32 Maddala, G. S. 1983. *Limited-Dependent and Qualitative Variables in Econometrics*. Cambridge: Cambridge University Press.

*33 Heckman, J. 1976. "The Common Structure of Statistical Models of Truncation, Sample Selection, and Limited Dependent Variables and a Simple Estimator for Such Models." *Annals of Economic and Social Measurement* 5: 479-492.

*34 Heckman, J. 1979. "Sample Selection Bias as a Specification Error." *Econometrica* 47: 153-161.

*4 Committee on Deterrence and the Death Penalty, National Research Council. 2012. *Deterrence and the Death Penalty*. Washington, DC: National Academies Press.

*5 Manski, C., and J. Pepper. 2012. "Deterrence and the Death Penalty: Partial Identification Analysis Using Repeated Cross Sections." *Journal of Quantitative Criminology*, forthcoming.

*6 Manski, C., and D. Nagin. 1998. "Bounding Disagreements about Treatment Effects: A Case Study of Sentencing and Recidivism." *Sociological Methodology* 28: 99-137.

*7 Crane, B, A. Rivolo, and G. Comfort. 1997. *An Empirical Examination of Counterdrug Interdiction Program Effectiveness*. IDA paper P-3219. Alexandria, VA: Institute for Defense Analyses.

*8 National Research Council. 1999. *Assessment of Two Cost-Effectiveness Studies on Cocaine Control Policy*. Committee on Data and Research for Policy on Illegal Drugs. Ed. C. F. Manski, J. V. Pepper, and Y. Thomas. Committee on Lawand Justice and Committee on National Statistics, Commission on Behavioral and Social Sciences and Education. Washington, DC: National Academy Press.

*9 Card, D., and A. Krueger. 1994. "Minimum Wages and Employment: A Case Study of the Fast- Food Industry in New Jersey and Pennsylvania." *American Economic Review* 84: 772-793.

*10 Card, D., and A. Krueger. 1995. *Myth and Measurement: The New Economics of the Minimum Wage*. Princeton, NJ: Princeton University Press.

*11 Kennan, J. 1995. "The Elusive Effects of Minimum Wages." *Journal of Economic Literature* 33: 1949-1965.

*12 Fisher, R. 1935. *The Design of Experiments*. London: Oliver and Boyd.

*13 Fisher, L., and L. Moyé. 1999. "Carvedilol and the Food and Drug Administration Approval Process: An Introduction." *Controlled Clinical Trials* 20: 1-15.

*14 Hausman, J., and D. Wise, eds. 1985. *Social Experimentation*. Chicago: University of Chicago Press.

*15 Manski, C., and I. Garfinkel, eds. 1992. *Evaluating Welfare and Training Programs. Cambridge*, MA: Harvard University Press.

*16 U.S. General Accounting Office. 1992. *Unemployed Parents*. GAO/PEMD-92-19BR, Gaithersburg, MD: U.S. General Accounting Office.

*17 Bassi, L., and O. Ashenfelter. 1986. "The Effect of Direct Job Creation and Training Programs on Low- Skilled Workers." In Fighting Poverty: *What Works and What Doesn't*, ed. S. Danziger and D. Weinberg. Cambridge, MA: Harvard University Press.

*18 LaLonde, R. 1986. "Evaluating the Econometric Evaluations of Training Programs with Experimental Data." *American Economic Review* 76: 604-620.

*37 Bloom, H. 1984. "Accounting for No- Shows in Experimental Evaluation Designs." *Evaluation Review* 8: 225-246.

*38 Angrist, J. 1990. "Lifetime Earnings and the Vietnam Era Draft Lottery: Evidence from Social Security Administrative Records." *American Economic Review* 80: 313-336.

*39 Gueron, J., and E. Pauly. 1991. *From Welfare to Work*. New York: Russell Sage Foundation.

*40 Dubin, J., and D. Rivers. 1993. "Experimental Estimates of the Impact of Wage Subsidies." *Journal of Econometrics* 56: 219-242.

*41 Imbens, G., and J. Angrist. 1994. "Identification and Estimation of Local Average Treatment Effects." *Econometrica* 62: 467-476.

*42 Angrist, J., G. Imbens, and D. Rubin. 1996. "Identification of Causal Effects Using Instrumental Variables." *Journal of the American Statistical Association* 91: 444-455.

*43 Goldberger, A. 1979. "Heritability," *Economica* 46: 327-347.

*44 Herrnstein, R., and C. Murray. 1994. *The Bell Curve: Intelligence and Class Structure in American Life*. New York: Free Press.

*45 Goldberger, A., and C. Manski. 1995. "Review Article: *The Bell Curve* by Herrnstein and Murray." *Journal of Economic Literature* 33: 762-776.

*46 Kempthorne, O. 1978. "Logical, Epistemological, and Statistical Aspects of Nature-Nurture Data Interpretation." *Biometrics* 34: 1-23.

*47 Caspi, A., et al. 2003. "Influence of Life Stress on Depression: Moderation by a Polymorphism in the 5-HTT Gene." *Science* 301: 386-389.

*48 Manski C. 2011c. "Genes, Eyeglasses, and Social Policy." *Journal of Economic Perspectives* 25: 83-94.

*49 http://obs.rc.fas.harvard.edu/chetty/STAR-slides.pdf

*50 Chetty, R., J. Friedman, N. Hilger, E. Saez, D. Whitmore Schanzenbach, and D. Yagan. 2011. "How Does Your Kindergarten Classroom Affect Your Earnings? Evidence from Project Star." *Quarterly Journal of Economics* 126: 1593–1660.

第2章

*1 Bork R. (solicitor general) et al. 1974. *Fowler v. North Carolina*. U.S. Supreme Court case no. 73-7031. Brief for U.S. as amicus curiae, 32-39.

*2 Ehrlich, I. 1975. "The Deterrent Effect of Capital Punishment: A Question of Life and Death." *American Economic Review* 65: 397-417.

*3 Blumstein, A., J. Cohen, and D. Nagin, eds. 1978. *Deterrence and Incapacitation: Estimating the Effects of Criminal Sanctions on Crime Rates*. Washington, DC: National Academy Press.

*20 Rydell, C., and S. Everingham. 1994. *Controlling Cocaine*. Report prepared for the Office of National Drug Control Policy and the U.S. Army. Santa Monica, CA: RAND Corp.

*21 Crane, B, A. Rivolo, and G. Comfort. 1997. *An Empirical Examination of Counterdrug Interdiction Program Effectiveness*. IDA paper P-3219. Alexandria, VA: Institute for Defense Analyses.

*22 Subcommittee on National Security, International Affairs, and Criminal Justice. 1996. *Hearing before the Committee on Governmental Reform and Oversight*. U.S. House of Representatives. Washington, DC: Government Printing Office.

*23 Subcommittee on National Security, International Affairs, and Criminal Justice. 1998. *Hearing before the Committee on Governmental Reform and Oversight*. U.S. House of Representatives. Washington, DC: Government Printing Office.

*24 Krugman, P. 2007. "Who Was Milton Friedman?" *New York Review of Books*, February 15.

*25 Friedman, M. 1955. "The Role of Government in Education." In *Economics and the Public Interest*, ed. R. Solo. New Brunswick, NJ: Rutgers University Press.

*26 Friedman, M. 1962. *Capitalism and Freedom*. Chicago: University of Chicago Press.

*27 Manski C. 1992. "School Choice (Vouchers) and Social Mobility." *Economics of Education Review* 11: 351-369.

*28 Manski C. 1995. *Identification Problems in the Social Sciences*. Cambridge, MA: Harvard University Press.

*29 Chaiken, J., and M. Chaiken. 1982. *Varieties of Criminal Behavior*. Report R-2814-NIJ, Santa Monica, CA: RAND Corp.

*30 Greenwood, P., and A. Abrahamse. 1982. *Selective Incapacitation*. Report R-2815-NIJ. Santa Monica, CA: RAND Corp.

*31 Blackmore, J., and J. Welsh. 1983. "Selective Incapacitation: Sentencing According to Risk." *Crime and Deliquency* 29: 504-528.

*32 Blumstein, A., J. Cohen, J. Roth, and C. Visher, eds. 1986. *Criminal Careers and Career Criminals*. Washington, DC: National Academy Press.

*33 Fleming, T., and D. Demets. 1996. "Surrogate End Points in Clinical Trials: Are We Being Misled?" *Annals of Internal Medicine* 125: 605-613.

*34 Campbell, D., and J. Stanley. 1963. *Experimental and Quasi-Experimental Designs for Research*. Chicago: Rand McNally.

*35 Campbell, D. 1984. "Can We Be Scientific in Applied Social Science?" *Evaluation Studies Review Annual* 9: 26-48.

*36 Rosenbaum, P. 1999. "Choice as an Alternative to Control in Observational Studies." *Statistical Science* 14: 259-304.

*7 Wikipedia. 2010.
http://en.wikipedia.org/wiki/Conventional_wisdom (accessed May 8, 2010).

*8 Committee on the Budget, U.S. House of Representatives. 2008. *Compilation of Laws and Rules Relating to the Congressional Budget Process*. Serial No. CP-3. Washington, DC: Government Printing Office.

*9 Auerbach, A. 1996. "Dynamic Revenue Estimation." *Journal of Economic Perspectives* 10: 141-157.

*10 Elmendorf, D. 2010a. Letter to Honorable Nancy Pelosi, Speaker, U.S. House of Representatives. Congressional Budget Office, March 18.
http://www.cbo.gov/ftpdocs/113xx/doc11355/hr4872.pdf.

*11 Herszenhorn, D. 2010. "Fine-Tuning Led to Health Bill's $940 Billion PriceTag." *New York Times*, March 18.

*12 Elmendorf, D. 2010b. Letter to Honorable Paul Ryan, U.S. House of Representatives. Congressional Budget Office, March 19.
http://www.cbo.gov/ftpdocs/113xx/doc11376/RyanLtrhr4872.pdf.

*13 Foster, R. 2010. *Estimated Financial Effects of the "Patient Protection and Affordable Care Act," as Amended*. Office of the Actuary, Centers for Medicare and Medicaid Services, U.S. Department of Health and Human Services. April 22.
https://www.cms.gov/ActuarialStudies/Downloads/PPACA_2010-04-22.pdf

*14 Page, R. 2005. "CBO's Analysis of the Macroeconomic Effects of the President's Budget." *American Economic Review Papers and Proceedings* 95: 437-440.

*15 Britton, E., P. Fisher, and J. Whitley. 1998. "The Inflation Report Projections: Understanding the Fan Chart." *Bank of England Quarterly Bulletin*, February, 30-37.

*16 Department for Business, Innovation and Skills. 2011. *Impact AssessmentToolkit*.
http://www.bis.gov.uk/assets/biscore/better-regulation/docs/i/11-1112-impact-assessment-toolkit.pdf

*17 Holtz-Eakin, D. 2010. "The Real Arithmetic of Health Care Reform." *New YorkTimes*, March 21.

*18 National Research Council. 1999. *Assessment of Two Cost-Effectiveness Studies on Cocaine Control Policy*. Committee on Data and Research for Policy on Illegal Drugs. Ed. C. F. Manski, J. V. Pepper, and Y. Thomas. Committee on Lawand Justice and Committee on National Statistics, Commission on Behavioral and Social Sciences and Education. Washington, DC: National Academy Press.

*19 National Research Council. 2001. *Informing America's Policy on Illegal Drugs: What We Don't Know Keeps Hurting Us*. Committee on Data and Research for Policy on Illegal Drugs. Ed. C. F. Manski, J. V. Pepper, and C. V. Petrie. Committee on Law and Justice and Committee on National Statistics, Commission on Behavioral and Social Sciences and Education. Washington, DC: National Academy Press.

参考文献

はじめに

＊1 Rumsfeld, D. 2001. "Rumsfeld's Rules." *Wall Street Journal*, January 29.

＊2 U.S. Department of Defense. 2002. News transcript, February 12. https://archive.defense.gov/Transcripts/Transcript.aspx?TranscriptID=2636

＊3 Rumsfeld, D. 2002. Statement made in a radio interview for Infinity Broadcasting, quoted by CNN on November 15. http://archives.cnn.com/2002/US/11/15/rumsfeld.iraq/index.html.

＊4 Manski C. 1990. "Nonparametric Bounds on Treatment Effects." *American Economic Review Papers and Proceedings* 80: 319-323.

＊5 Manski C. 1995. *Identification Problems in the Social Sciences*. Cambridge, MA: Harvard University Press.

＊6 Manski C. 2003. *Partial Identification of Probability Distributions*. New York: Springer-Verlag.

＊7 Manski C. 2005a. *Social Choice with Partial Knowledge of Treatment Response*. Princeton, NJ: Princeton University Press.

＊8 Manski C. 2007a. *Identification for Prediction and Decision*. Cambridge, MA: Harvard University Press.

＊9 Manski C. 2011a. "Choosing Treatment Policies under Ambiguity." *Annual Review of Economics* 3: 25-49.

＊10 Manski C. 2011b. "Policy Analysis with Incredible Certitude." *Economic Journal* 121: F261-F289.

第1章

＊1 Manski C. 2003. *Partial Identification of Probability Distributions*. New York: Springer-Verlag.

＊2 Manski C. 2007a. *Identification for Prediction and Decision*. Cambridge, MA: Harvard University Press.

＊3 Friedman, M. 1953. *Essays in Positive Economics*. Chicago: University of Chicago Press.

＊4 *Encyclopaedia Britannica Online*. 2010. http://www.britannica.com/EBchecked/topic/424706/Ockhams-razor.

＊5 Swinburne, R. 1997. *Simplicity as Evidence for Truth*. Milwaukee: Marquette University Press.

＊6 Galbraith, J. K. 1958. *The Affluent Society*. New York: Mentor Books.

いずれの処置反応についても部分的にしかわからないとき、ミニマックス・リグレット基準では、つねに分散的な処置の割り当てが行われることを明らかにした。一般的な割り当ての公式は抽象的すぎるのでここには記さないが、問題を大局的にとらえれば話は単純だ。

処置Aを全員に割り当てたときの厚生は上限になり、処置Bを全員に割り当てた時の厚生は下限になる自然状態が存在すると仮定する。つまり、$W(0,s) = H(0)$ かつ $W(1,s) = L(1)$ である状態 s が存在する。同様に、$W(0,t) = L(0)$ かつ $W(1,t) = H(1)$ である状態 t が存在すると想定する。$H(1) > L(0)$ かつ $H(0) > L(1)$ の場合、どちらの処置が最善かプランナーはわからない。ミニマックス・リグレット基準の割り当ては以下となる。

$$d = \frac{H(1) - L(0)}{[H(1) - L(0)] + [H(0) - L(1)]}$$

$L(0) = H(0)$ のとき、この公式は現行の処置と新たな処置の割り当てに関する分析で導出した公式（補論B）に簡素化される。

未知の感染症Xの処置を見ると、いずれの処置反応についても部分的にしかわからないときの割り当てがわかる。未知の感染症Xの例では、$W(0,s) = H(0) = 1$ かつ $W(1,s) = \mathrm{L}(1) = 0$ である状態 s が存在する。$W(0,t) = L(0) = 0$ かつ $W(1,t) = H(1) = 1$ である状態 t が存在する。よってミニマックス・リグレット基準による割り当ては、$(1-0)/[(1-0)+(1-0)] = 1/2$ になる。

処置と新たな処置の割り当てを考えた際、マキシミン基準では全員に現行の処置を割り当てることがわかった。未知の感染症Xの処置を考えた際、マキシミン基準では、自然状態が s と t の2つしかなければ、全体の半数にそれぞれの処置を割り当てることがわかった。だが、どちらの処置も効かない第3の状態 u が加えられると、すべての割り当てが厚生の最小値を最大化した。この結果が示しているのは、マキシミン基準では割り当ての分散が行われることもあれば、行われないこともあり、状態空間に依存する、ということである。

思い出してもらいたいが、$L(1)$ と $H(1)$ は、可能なあらゆる自然状態での $W(1, s)$ の最小値と最大値であった。同様に、$L(0)$ と $H(0)$ は可能なあらゆる状態での $W(0, s)$ の最小値と最大値だとしよう。処置Aと処置Bの下での厚生がいずれもバウンドの下限に達する自然状態が存在する場合、マキシミン基準では分散が行われないことは容易に示すことができる。つまり、$W(0, s) = L(0)$ で、$W(1, s) = L(1)$ となる状態 s が存在すると仮定する。このとき、任意の割り当てdの下での厚生の最小値は、$(1 - d) \times L(0) + d \times L(1)$ となる。したがって、マキシミン基準の割り当て d は、$L(0)$ が $L(1)$ を上回っている場合、$d = 0$、$L(1)$ が $L(0)$ を上回っている場合、$d = 1$ となる。$L(0) = L(1)$ なら、すべての割り当てはマキシミン基準問題の解となる。

ミニマックス・リグレット基準

マンスキーによる2007年の著書[*2]の第11章と2009年の論文[*3]では、

補論C

両方の処置に対する処置反応の部分的知識に基づく処置選択

この章では、処置Aと処置Bを区別するため、**現行の処置**と**新たな処置（イノベーション）**という刺激的な言葉を使ったが、これらの処置の違いは正式には、新規性ではなく、処置反応に関してプランナーが持つ知識にある。プランナーは、全員が処置Aを受けるときの厚生はわかっているが、全員が処置Bを受けるときの厚生はわからないとしていた。ここではプランナーは、両方の処置の反応に関して部分的にしか知らないと想定する。だとすると、分析はさほど単純ではないが、重要な結果が証明できる。手短に説明しよう。分析結果全体は、マンスキーによる2009年の論文[*1]を参照してほしい。

期待厚生基準

リスク中立的なプランナーは、期待平均結果が高い処置を全員に割り当てる。リスク回避型プランナーは、全員に1つの処置を割り当てる可能性もあれば、分散する可能性もある。具体的な結果は、プランナーの主観的確率分布と厚生関数の相互作用に依存する。

マキシミン基準

マキシミンの割り当ては、状態空間の構造に依存する。現行の最小化される。つまり、ミニマックス・リグレット基準の割り当ては、以下の等式を解けばいい。

$$(1 - d) \times [H(1) - W_0] = d \times [W_0 - L(1)]$$

この等式を d について解くと

$$d = \frac{H(1) - W_0}{H(1) - L(1)}$$

この割り当てで、タイプＡとタイプＢのエラーによる厚生損失の最大値はバランスされる。

が上限の $H(1)$ に等しいときである。したがって、この領域での割り当て d のリグレットの最大値は、$(1-d)\times[H(1)-W_0]$。つまり、リグレットの最大値は、処置Aを受ける母集団の割合に、この処置を割り当てることで生じる厚生損失の最大値をかけたものになる。

第二の領域では、タイプAのエラーは起きないが、新たな処置Bを割り当てられるとき、タイプBのエラーが起きる。現行の処置Aが新たな処置Bより優位な状態 s で割合 d に処置Bを割り当てる場合のリグレットは、全員に現行の処置を割り当てる場合の厚生 W_0 から、割り当て d で得られる厚生を差し引いたものになる。つまり、第二の領域のリグレットは、以下で表される。

$$W_0-[(1-d)\times W_0+d\times W(1,s)]=d\times[W_0-W(1,s)]$$

この領域で割り当て d のリグレットが最大値になるのは、$W(1,s)$ が下限の $L(1)$ に等しいときである。したがって、この領域での d のリグレットの最大値は、$d\times[W_0-L(1)]$。これは、処置Bを受ける母集団の割合に、この処置を割り当てることで生じる厚生損失の最大値をかけたものである。

これらの結果をあわせると、d の割り当てによるリグレットの全体としての最大値は、$(1-d)\times[H(1)-W_0]$ と $d\times[W_0-L(1)]$ の最大値である。ここでこの2つの値の最大値を最小化する d を選ぼう。前者の値は d とともに減るが、後者の値は d とともに増える。しがって、2つの量が等しくなる d で、目的の値は

補論B

ミニマックス・リグレット基準を使った、現行の処置と新たな処置の割り当て

5－1節では現行の処置がA、新たな処置(イノベーション)がBのとき、ミニマックス・リグレット基準を使った割り当ての式を示した。その結果をここで証明しよう。

全体のdの割合に処置Bを、$1-d$の割合に処置Aを割り当てる、割り当てについて検討する。この割り当てのリグレットの最大値を決定するには、状態空間を2つの領域に分ける。第一の領域は処置Bが処置Aより優位になる(厚生が高い)自然状態であり、第二の領域は処置Aが処置Bより優位になる自然状態である。

状態空間の第一の領域では、タイプBのエラーは起きないが、現行の処置Aを割り当てられるとき、タイプAのエラーが起きる。新たな処置Bが現行の処置Aより優位な状態sで割合dに新たな処置Bを割り当てる場合のリグレットは、全員に新たな処置Bを割り当てる場合の厚生$W(1,s)$から割り当てdで得られる厚生を差し引いたものになる。つまり、第一の領域のリグレットは、以下で表される。

$$W(1,s)-[(1-d)\times W_0+d\times W(1,s)]$$
$$=(1-d)\times[W(1,s)-W_0]$$

この領域で割り当てdのリグレットが最大になるのは、$W(1,s)$

する割り当ては、$d = 1／2$である。したがって、マキシミン基準を使うプランナーは、全体の半数ずつに処置Ａと処置Ｂをそれぞれ割り当てる。

ミニマックス・リグレット基準：それぞれの自然状態で効果的な処置を全員に割り当てることにより、全員を生存させることができる。つまり、候補の処置の割り当てのリグレットは、１からこの割り当ての生存率を差し引いたものである。定式化すると、全体のdの割合に処置Ｂを割り当て、$1 - d$の割合に処置Ａを割り当てたときのリグレットは、状態sにおけるdと、状態tにおける$1 - d$である。したがって、この割り当ての最大のリグレットは、dと$1 - d$の最大値である。リグレットの最大値を最小化するのは$d = 1／2$である。つまり、ミニマックス・リグレット基準を使うプランナーは、全体の半数ずつに処置Ａと処置Ｂをそれぞれ割り当てる。

補論A

未知の感染症Xの処置の意思決定基準ごとの政策選択の導出

4–3節では、異なる意思決定基準を使ったときの未知の感染症Xの処置に関する政策選択について論じた。この補論では、2つの自然状態が存在する場合のその導出を取り上げよう。処置Aは状態sで有効であり、処置Bは状態tで有効である。

期待厚生基準：プランナーは、2つの自然状態に主観的確率を付与し、その期待厚生によって処置の割り当てを評価する。状態tの確率をp、状態sの確率を$1-p$とする。このとき、全体のdの割合に処置Bを、$1-d$の割合に処置Aを割り当てることによる期待厚生は、$p \times d + (1-p) \times (1-d)$である。$p$が1／2より大きい場合、全員に処置Bを割り当てると期待厚生は最大になる。pが1／2より小さい場合、全員に処置Aを割り当てると期待厚生は最大になる。pが1／2と等しい場合、すべての割り当ての期待厚生が同じになる。

マキシミン基準：プランナーは、処置の割り当てを、それが生み出す厚生の最小値を使って評価する。全体のdの割合に処置Bを、$1-d$の割合に処置Aを割り当てることによる厚生は、dか$1-d$であることが知られている。つまり、この割り当てによる厚生の最小値は、dと$1-d$の最小値である。厚生の最小値を最大化

2年後には、新たな治療による2年間の生存割合は0.8であることがわかるので、平均生存年数$W(1)$のバウンドの上限は、0.9 + 0.8 + 0.8 + 0.8(= 1年×(0.9 − 0.8) + 4年× 0.8) = 3.3年となり、$W(1)$の下限は、0.9 + 0.8 = 1.7年となる。3年後、4年後も同様である。

5列「AMR基準での割り当て」は、5 − 1節の公式、$d = [H(1) - W_0] / [H(1) - L(1)]$に対し、$H(1)$と$L(1)$に4列の「$W(1)$のバウンド」の上限と下限を、$W_0$に2列の現在の治療の下での平均生存年数2.7年(= 0.8 + 0.7 + 0.6 + 0.6)を代入して求められる。6列「生存年数の平均値」は、5列のAMR基準の割り当て比率の患者に新たな治療を割り当て、残りの患者に現在の治療を割り当て続けた場合の生存年数の平均である。つまり、5列の比率×新たな治療での平均生存年数3.1年+(1 − 5列の比率)×現在の治療での平均生存年数2.7年である。

してフルタイムで働くことを選択する。逆に、(税率が高いので)純賃金(余暇1時間の市場価値)が余暇1時間の当人にとっての価値より低いならば、その人は余暇を最大にして、労働時間をゼロにする。

監訳者注6

完全補完財：消費者が、常に一定割合で消費するような財のこと。たとえば、眼鏡のフレームとレンズ。

純所得と余暇が完全補完財の場合、(税率が上昇して)純賃金が低下し、純所得が減ると、その減少に比例して余暇が減り、労働時間が増えることになる。

監訳者注7

表5-1の4列、5列、6列の値の求め方を補足説明する。まず、4列「$W(1)$ のバウンド」は、以下のように求められる。1年後に、新たな治療による1年目の生存割合は0.9であることが分かる(3列1行)。新たな治療を4年間行う場合、この生存者が全員生き残り、4年後の生存割合も0.9となるとしよう。そのとき、全員が新たな治療を受けたときの平均生存年数である $W(1)$ は、4年 $\times 0.9 = 3.6$ 年になり、$W(1)$ のバウンドの上限となる。一方、新たな治療を行って2年後に1年目の生存者が全員死亡し、2年後、3年後、4年後の生存割合が0となる場合に、$W(1)$ は1年 $\times 0.9 = 0.9$ 年になり、$W(1)$ のバウンドの下限となる。4列2行の $[0.9, 3.6]$ は、それを示している。

監訳者注4

Aを科された人が、もしBを科された場合の仮想的な再犯率（$R_{仮想}$とする）は、完全予見による結果の最適化の仮定より、観察される現行の再犯率R_Aより等しいか大きくなる（$R_{仮想} \geq R_A$）ので、

$$R_{MB} = R_{仮想} \times F_A + R_B \times F_B \geq R_A \times F_A + R_B \times F_B$$

と前述のバウンドの下限が得られる。この下限は、2-3節（監訳者注2）のバウンドの下限より$R_A \times F_A$だけ大きくなる。

一方、R_{MB}の上限は、2-3節（監訳者注2）のバウンドの上限と変わらない。

監訳者注5

完全代替財：消費者にとって、2つの財が完全に同じ財とみなされ、2つの財の交換比率が常に一定であるような財のこと。たとえば、A社とB社のペットボトル水。

純所得と余暇が完全代替財であるとする。その場合、当人にとっての余暇1時間の価値（当人にとっての余暇と純所得の交換比率）は、一定ということになる。さて、（税率が低いので）純賃金が高いとき、余暇を1時間減らして労働時間を1時間増やせば、労働市場で得られる純所得（＝純賃金）は多くなる。もし、労働して得られる純所得（余暇1時間の市場価値）が、余暇1時間の当人にとっての価値より高ければ、その人は余暇を減らしゼロに

となる。この式のR_B、F_A、F_Bはデータから観察されるが、仮想的な$R_{仮想}$は観察されない。しかし、$R_{仮想}$は再犯率であるから、$0 \leq R_{仮想} \leq 1$は、必ず成立する。よって、上式の$R_{仮想}$を0と1で置き換えることにより、

$$R_B \times F_B + 0 \times F_A = R_B \times F_B \leq R_{MB} \leq R_B \times F_B + 1 \times F_A = R_B \times F_B + F_A$$

と、R_{MB}はバウンド（区間）で識別（部分識別）される。

監訳者注3

かつて、アメリカの多くの州では、ある年の基準日までに6歳になる子供は、その年の9月に義務教育への入学が許可された。それと同時に、そうした義務教育にいったん入学すれば、一定年齢（たとえば16歳）になるまでは中退できなかった。

そのような制度のため、たとえば基準日が1月1日の場合、ある年の1月2日に生まれた子供と、同じ年の12月31日に生まれた子供の2人は、6歳になる年の9月に一緒に義務教育に就学する。その時点で1月生まれの子供は6歳8カ月であるのに対し、12月生まれの子供は5歳8カ月である。それぞれの子供が16歳になる誕生日に中退するとすれば（当時は中退者が多かった）、1月生まれの子供は9年4カ月の義務教育を受けることになるのに対し、12月生まれの子供は10年4カ月の義務教育を受けることになる。

測（バウンド）」は、識別問題に対してマンスキー氏が開発した新しい解決策である。この区間予測（バウンド）は、統計的推定問題の信頼区間とはまったく異なる概念であることに注意してほしい。信頼区間は、母集団から有限のデータを抽出する際に生じる不正確さを表しているのに対し、部分識別の区間予測（バウンド）は、識別問題から必然的に生じるあいまいさを表している。また、部分識別によって識別された区間（バウンド）の内側に真のパラメータが存在することは確定できるが、その区間内のどこに存在しがちであるかはわからない。

なお、本書では、処置（因果）効果を求める際に識別問題の存在を指摘したり、部分識別の方法を使って処置効果を求めたりする場合には、「推論（extrapolation）」の用語を用いている。この用語については、1-6節を参照のこと。

監訳者注2

拘禁が義務付けられた場合の再犯率の予測（平均再犯率）R_{MB} は、

R_{MB} ＝ 現行の政策下で実際に拘禁された人の実現再犯率 R_B
×現行の政策下で実際に拘禁された人の人口比率 F_B
＋現行の政策下では実際に拘禁されていない人が、もし拘禁を義務付ける政策が実施された場合に再犯する仮想的な再犯率 $R_{仮想}$
×現行の政策下で実際に拘禁されていない人の人口比率 F_A

監訳者注

監訳者注 1

識別と統計的推定の違いについて説明する。識別とは、データが無限にある(つまり、母集団すべてが標本である)ときに、政策効果などの求めたいパラメータの真の値を決定できることを言う。それに対し統計的推定とは、識別されたパラメータを有限なデータ(標本)をもとに正確に推測することを言う。すなわち、統計的推定問題は、有限なデータから生じる統計的な問題であり、データの数が増えるに従い(母集団すべてが標本のときに)解消されていくのに対し、識別問題は、データの数が増えても解消されない。

識別問題を本書の具体例で説明する。識別の目標は、「死刑制度のなかった州が、もし新たに死刑制度を導入した場合、その州の殺人率はどうなるか」、「少年犯罪の量刑は、現行の政策においては判事の裁量により科されているが、もし少年犯罪すべてに対して拘禁を科す場合、再犯率はどうなるか」、あるいは、「新薬の治験において、その治験に参加した人たちへの薬の効果は判定できるが、もしその新薬を実際の患者の集団に処置した場合は、その効果はどうなるか」などの「もし〜ならば、結果はどうなるか」という反実仮想的な状況での処置効果である「因果効果」を知ることである。しかし、この因果効果は、実際に観察されたデータの結果からだけではわからない。これが識別問題である。

本書(具体的には 1-3 節、1-6 節、2-3 節、2-6 節、2-8 節、3-1 節、4-4 節、4-5 節、5 章)の分析方法である部分識別による「区間予

ま行

や行

ら行

わ行

な行

は行

た行

さ行

索引

アルファベット

あ行

か行

［著者］

チャールズ・マンスキー（Charles F. Manski）

ノースウェスタン大学経済学部教授。マサチューセッツ工科大学卒業、同大学院にてPh.D.（経済学）取得。1989年に制約の弱い仮定を設けてデータを解釈する手法「部分識別」を開発。従来の計量分析へ一石を投じ、経済学以外の学問や公共政策の立案にも多大な影響を及ぼした。2009年米国科学アカデミー会員、2014年イギリス学士院客員会員、2015年トムソン・ロイター引用栄誉賞（ノーベル経済学賞予測）など受賞歴多数。第2次世界大戦中に日本政府駐リトアニア領事代理・杉原千畝が発給した「命のビザ」で日本へ渡航し、ナチス・ドイツの迫害から逃れたユダヤ系難民サムエル・マンスキーの長男。

［監訳者］

奥村綱雄（おくむら・つなお）

横浜国立大学大学院国際社会科学研究院教授。大阪大学経済学部卒業。東京大学大学院にて修士号、博士号取得。ノースウェスタン大学大学院にてチャールズ・マンスキーの指導を受け、Ph.D.（経済学）取得。専門は計量経済学、マクロ経済学。*Quantitative Economics*、*International Economic Review*、*Journal of Business & Economic Statistics*などの一流国際学術誌に論文を掲載。著書に『部分識別入門　計量経済学の革新的アプローチ』（日本評論社）。

［訳者］

高遠裕子（たかとお・ゆうこ）

翻訳者。主な訳書に『GLOBOTICS　グローバル化+ロボット化がもたらす大激変』（日本経済新聞出版）、『増補リニューアル版　人生を変える80対20の法則』（共訳、CCCメディアハウス）、『レヴィット ミクロ経済学（基礎編）』『同（発展編）』（ともに東洋経済新報社）など多数。

マンスキー　データ分析と意思決定理論
不確実な世界で政策の未来を予測する

2020年9月28日　第1刷発行
2022年7月29日　第3刷発行

著　者――――チャールズ・マンスキー
監訳者――――奥村綱雄
訳　者――――高遠裕子
発行所――――ダイヤモンド社
〒150-8409　東京都渋谷区神宮前6-12-17
https://www.diamond.co.jp/
電話／03-5778-7233（編集）　03-5778-7240（販売）

装丁デザイン――末吉亮（図工ファイヴ）
本文デザイン、DTP―吉村朋子（cloverdesign）
校正――――鷗来堂
製作進行――――ダイヤモンド・グラフィック社
印刷――――三松堂
製本――――川島製本所
編集担当――――上村晃大

ISBN 978-4-478-10574-0